JOACHIM GORECKI / EGON SCHALLMAYER (HRSG.)

«HEROISCHE LANDSCHAFTEN»
EINE PITTORESKE REISE ZU DEN ANTIKEN STÄTTEN
DER TÜRKISCHEN MITTELMEERKÜSTE

SONDERBÄNDE DER ANTIKEN WELT

Zaberns Bildbände zur Archäologie

VERLAG PHILIPP VON ZABERN · GEGRÜNDET 1785 · MAINZ

JOACHIM GORECKI / EGON SCHALLMAYER (HRSG.)

«Heroische Landschaften»

EINE PITTORESKE REISE ZU DEN ANTIKEN STÄTTEN
DER TÜRKISCHEN MITTELMEERKÜSTE

Bilder von Camilla und Siegmund Daxner

VERLAG PHILIPP VON ZABERN · MAINZ AM RHEIN

IV, 115 Seiten mit 109 Farb- und 13 Schwarzweißabbildungen

Umschlag vorne: Camilla Daxner, Aquarell 47,5 x 32,5 cm. Ephesos, Blick vom Ende der Basilika auf die Kuretenstraße,
die durch die Celsus-Bibliothek abgeschlossen wird (Mai 1980); Privatbesitz.

Vorsatz vorne und hinten: Der Zeustempel von Euromos. Kupferstich von 1782 nach einer Zeichnung von J. B. Hilair aus dem Jahre 1776.
(nach Comte de Choiseul-Gouffier, Voyage pittoresque dans l'Empire ottomane, en Grèce, dans la Troade, les îles de l'Archipel et
sur les côtes d'Asie Mineure [Paris 1782] Taf. 105)

Umschlag hinten: Blick auf die Fassade der Celsus-Bibliothek in Ephesos. (Photo Österreichisches Archäologisches Institut)

Die Deutsche Bibliothek – CIP Einheitsaufnahme

Heroische Landschaften : eine pittoreske Reise zu den antiken Stätten
der türkischen Mittelmeerküste /
Joachim Gorecki / Egon Schallmayer (Hrsg.).
Bilder von Camilla und Siegmund Daxner. – Mainz am Rhein : von Zabern, 2000
(Antike Welt ; Sonderb.) (Zaberns Bildbände zur Archäologie)
ISBN 3-8053-2652-1

© 2000 by Verlag Philipp von Zabern, Mainz am Rhein
ISBN 3-8053-2652-1
Gestaltung: Annette Nünnerich-Asmus und Ilka Schmidt, Verlag Philipp von Zabern, Mainz
Lithos: MWP, Wiesbaden
Alle Rechte, insbesondere das der Übersetzung in fremde Sprachen, vorbehalten.
Ohne ausdrückliche Genehmigung des Verlages ist es auch nicht gestattet, dieses Buch oder Teile daraus
auf photomechanischem Wege (Photokopie, Mikrokopie) zu vervielfältigen.
Printed in Germany by Kunze & Partner, Mainz
Printed on fade resistant and archival quality paper (PH 7 neutral) · tcf

Inhaltsverzeichnis

Vorwort	5
Vorbemerkungen	7
Archäologie als Bilderreise – Zu den Arbeiten von Camilla und Siegmund Daxner Brigitte Borchhardt-Birbaumer	11

THRAKIEN — 14

Istanbul – *Weltstadt auf zwei Kontinenten*
Rudolf H. W. Stichel — 16

TROAS — 18

Alexandria Troas – *Eine gemalte, aber versunkene Idylle*
Elmar Schwertheim — 20

Assos – *Das Tor der Troas zur Ägäis*
Reinhard Stupperich — 22

MYSIEN — 25

Pergamon – *Der königliche Berg*
Klaus Nohlen — 26

LYDIEN — 29

Sardes – *Gold aus den Wellen des Paktolos*
Günther Stanzl — 30

IONIEN — 32

Klaros – *Das Orakel des Apollon Klarios*
Mustafa Büyükkolanci — 34

Ephesos – *Ein Ort zum Malen*
Anton Bammer — 36

Selçuk – *Kontraste*
Anton Bammer — 40

Pamucak – *Sand und Meer*
Anton Bammer — 43

Die Ruinen von Priene
Wolf Koenigs — 44

Milet – *Eine Theaterruine über der hellenistisch-römischen Stadt*
Wolfgang Schiering — 46

Didyma – *Oder das vollendete Fragment*
Klaus Tuchelt — 48

KARIEN — 50

Aphrodisias – *Die Göttin mit den ausgestreckten Armen*
Mustafa Büyükkolanci — 51

Euromos – *Am Heiligtum des Zeus Lepsinos*
Mustafa Büyükkolanci — 53

LYKIEN — 54

«Heroische Landschaft» – *Lykien im Blickwinkel von Künstlern und Altertumswissenschaftlern*
Jürgen Borchhardt — 56

Telmessos/*telebehi*/Fethiye – *Geburtsort des Sehers Alexanders des Großen*
Jürgen Borchhardt — 59

Tlos/*tlawa*/Düver – *Die Phantasien des Richard Dadd*
Jürgen Borchhardt — 63

Xanthos/*arñna*/Kınık – *Kollektiver Selbstmord, kein neues Phänomen*
Jürgen Borchhardt — 65

Die Insel Kekova mit den Orten Simena (Kale-Üçağız) und Teimiousa (Üçağız)
Jürgen Borchhardt — 67

Myra – *Und der bekannteste Lykier: Der Heilige Nikolaus*
Jürgen Borchhardt — 69

Delicedere – *Das Grabmal des Barons von Asarönü*
Jürgen Borchhardt — 71

Arykanda – *Das lykische Delphi*
Jürgen Borchhardt — 72

Zêmuri-Limyra – *Ausgrabungen und Forschungen am Saklı-Su*
Jürgen Borchhardt — 74

Olympos – *Die Kulturbringer Bellerophon und Servilius Vatia Isauricus im Kampf gegen die Chimaira und die Seeräuber*
Jürgen Borchhardt — 79

Phaselis – *Und die Lanze des Achill*
Jürgen Borchhardt — 81

Lykien – *Auch heute noch so multikulturell wie eh und je*
Jürgen Borchhardt — 83

PISIDIEN — 85

Tod in Termessos
Anastasia Pekridou-Gorecki — 86

PAMPHYLIEN — 88

Antalya – *Ein Kampf um den Hafen des Attalos*
Joachim Gorecki — 90

Perge – *Die Stadt der großen Herrin Artemis*
Wolfram Martini — 94

Sillyon – *Die Naturfestung und die Naturgewalt*
Wolfram Martini — 96

Aspendos – *Und die römische Leidenschaft für das Wasser*
Wolfram Martini — 98

Side – *Vom Genius der Geschäftstüchtigkeit*
Johannes Nollé — 101

GALATIEN — 106

Ankara – *Metropole der modernen Türkei – zentraler Ort des alten Anatolien*
Karl Strobel — 107

Ankara – *58 Jahrhunderte lang besiedelt: ...«Eine Stadt, erschaffen aus dem Nichts, das bist du: Ankara»...*
Emel Örgen — 109

Anhang	111
Literatur	111
Bildnachweis	113
Glossar	114

Frontispiz: Camilla Daxner, Eitempera 40 x 30 cm. Perge, Blick auf die Akropolis, davor das Nymphäum; Oktober 1997. Besitz der Künstler.

«*Die anatolische Landschaft kann sich wohl in der Anlage, nicht aber im Ausmaß der Formen messen mit den gewaltigsten Bildern aus Innerasien oder Südamerika. Was sie aber diesen voraus hat, ist ihre Sättigung mit Zeugnissen der Vergangenheit. Auf Schritt und Tritt stößt man auf die Spuren einstiger Größe. Wenn man darum nach einem Ausdruck sucht, um das Wesen dieser Landschaft zu fassen, so müßte man von heroischer Landschaft reden. Ihr Maler müßte einer sein wie der Albrecht Altdorfer der Alexanderschlacht, wie Nicolas Poussin oder Karl Rottmann.*»

(FRIEDRICH VON RUMMEL, *Völkerkessel Kleinasien*, in: *Die Türkei auf dem Weg nach Europa* (1952) 20 ff. Abgedruckt in F. K. DÖRNER (Hrsg.), *Vom Bosporus zum Ararat. Kulturgeschichte der antiken Welt* 7 (1981) 10.

Vorwort

Mit großer Freude kann das Saalburgmuseum im Jahr 2000 mit einer besonders schönen und thematisch außerordentlich reizvollen Sonderausstellung aufwarten: «HEROISCHE LANDSCHAFTEN» – Eine pittoreske Reise zu den antiken Stätten der türkischen Mittelmeerküste. Die Präsentation gekonnter und künstlerisch anspruchsvoller Zeichnungen, Aquarelle und Gouachen mit Darstellungen von Ruinen, Orten, Landschaften, Vegetation und Tierwelt vieler bedeutender antiker Stätten Kleinasiens in Verbindung mit sorgfältig ausgewählten Abgüssen von Teilen antiker Monumente und von Skulpturen aus der Region läßt in der Ausstellung jene Landschaften wieder entstehen, die durch die archäologischen Hinterlassenschaften, die althistorischen Quellen, die Legenden und Erzählungen in der Tat als heroisch zu bezeichnen sind. Es ist das Anliegen der Ausstellung, den Besucher, der die gezeigten Plätze in der Regel vor allem durch seine Urlaubsreisen kennen- und schätzen lernt, hineinzunehmen in das Flair und die Stimmung, die von diesen antiken Denkmälern in einer von mediterraner Flora und Fauna geprägten Umgebung ausgeht. Dabei wird er von Zeichenstift und Malpinsel auf einer Reise durch die heutige Türkei begleitet.

Das Künstler-Ehepaar Camilla und Siegmund Daxner hat ihre zum Teil schon in zahlreiche Privatsammlungen aufgenommenen Arbeiten dem Saalburgmuseum für die im Rahmen des 3. Saalburg-Kunstforums stattfindende Ausstellung zur Verfügung gestellt. Die Werke finden sich damit in dieser Zusammenstellung zum ersten Mal nördlich der Alpen präsentiert, noch dazu an einem hier existierenden historischen Ort, der – durch möglicherweise auch als heroisch zu bezeichnendes Tun – vor 100 Jahren wieder zum Leben erweckt worden ist: das Saalburg-Kastell. Es trifft sich gut, daß das Saalburgmuseum in lockerer Folge eine Ausstellungsreihe bietet, die der Kunst im Rahmen und in Verbindung

Abb. 1 Karte der kleinasiatischen Küste mit den hier vorgestellten Orten.

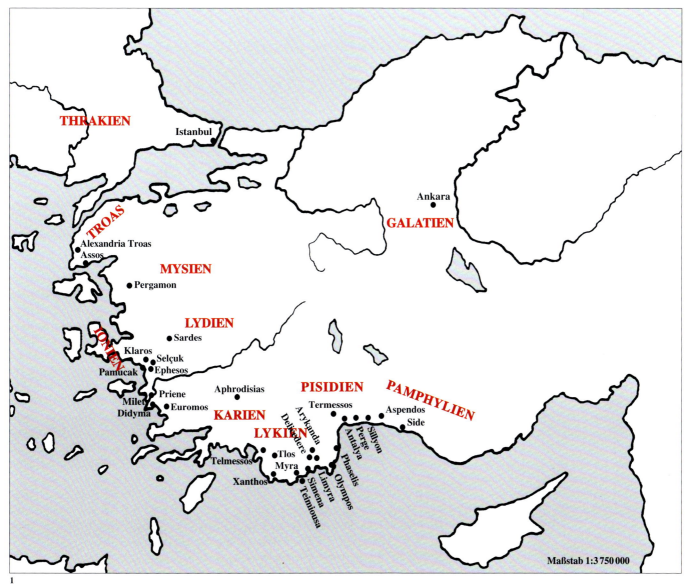

mit der Archäologie und der Altertumsforschung einen Ort bietet.

Neben den künstlerischen Werken möchte die Ausstellung den Besucher aber auch etwas mit der Archäologie und Geschichte des bereisten Landes vertraut machen. Zur Veranschaulichung der historischen Tiefe aber auch der antiken Kunst wurden daher einige Abgüsse bedeutender Monumente in die Ausstellung aufgenommen, die der Leiter des Archäologischen Instituts der Universität Wien, Herr Professor Dr. Jürgen Borchhardt, bereitwillig zur Verfügung stellte. Sie unterstreichen, akzentuieren und ergänzen hier und dort in gefälliger Weise die Auffassung der Künstler. So können Bilder und Abgüsse, emotionale Eindrücke und steinerne Manifestation, Gefühl und Verstand zu einem ganzheitlichen Erlebnis zusammenwachsen.

Die Vermittlung der Ausstellung gelang Herrn Joachim Gorecki vom Seminar für Griechische und Römische Geschichte, Abteilung Geschichte und Kultur der Römischen Provinzen sowie Hilfswissenschaften der Altertumskunde der Universität Frankfurt am Main. Seine persönliche Freundschaft sowohl mit dem liebenswerten Ehepaar Daxner als auch mit dem eindrucksvollen und begeisternden Archäologen Jürgen Borchhardt sowie seine eigene Anhänglichkeit an die Saalburg bildeten die Voraussetzung, die Schau in den Räumen des wiederaufgebauten Römerkastells zu zeigen. Daß dazu noch mit diesem Band gleichsam ein Begleitbuch zur Ausstellung mit den Beiträgen zahlreicher einschlägig bekannter und bedeutender Wissenschaftler erscheinen konnte, ist ebenfalls seinem unermüdlichen Einsatz bei Ansprache, Vermittlung, Manuskriptbeschaffung und redaktioneller Zuarbeit für den Verlag zu verdanken.

Durch die Herstellung und Herausgabe des Buches hat der Verlag Philipp von Zabern einmal mehr sein großes Interesse an der Vermittlung der Arbeiten auf dem Gebiet der Archäologie und Kunst bewiesen. Auch im Zusammenhang mit dem Saalburgmuseum dokumentiert sich darin die wohlwollende und auf die Zukunft des Hauses gerichtete publizistische Begleitung, wofür an dieser Stelle Herrn Verleger Franz Rutzen ein herzliches Wort des Dankes zu sagen ist.

Durch die Vorbereitung und Durchführung der Ausstellung ließen sich mit Camilla und Siegmund Daxner sowie Jürgen Borchhardt Menschen kennenlernen, die in dieser Begegnung zu einer persönlichen Bereicherung beigetragen haben. Wirkte zum einen die angenehme und ehrliche Bescheidenheit der Künstler überraschend und wohltuend, so beflügelte auf der anderen Seite die Vitalität, die fachliche Kompetenz und Kreativität, vor allem aber die Weltläufigkeit das eigene Engagement. In Dankbarkeit sei diesem Zusammentreffen mit lieben Menschen an dieser Stelle gedacht.

Ein Wort des Dankes gilt es auch der Gestalterin der Ausstellung, Frau Alex. Koerfer, Bad Homburg, zu sagen. Mit viel Einfühlungsvermögen und in einem von Initiative geprägten Ringen um Form und Gestalt ist es ihr gelungen, eine eindrucksvolle Präsentation zu erreichen. Nicht zu vergessen sind die Leihgeber, die sich manchmal nur schweren Herzens für so lange Zeit von ihren Bildern getrennt haben, um Ausstellung und Buch zu bereichern. Auch ihnen sei ein herzliches Dankeschön gesagt.

Heroische Landschaften laden immer wieder zu einer Reise ein, die neue Erlebnisse, Begegnungen, neue Erfahrungen und Horizonterweiterungen mit sich bringen. Man kann sie rein touristisch aber auch mit dem Ziel unternehmen, sich über eine Region weiterbilden und vor allem auch in bisher unbekannte Gegenden und Hintergründe emotional einnehmen zu lassen. Die Ausstellung auf der Saalburg versucht gemäß dem Anspruch, den das Haus seit hundert Jahren verfolgt, einen unverstellten und unaufdringlichen Zugang zur Geschichte und Kultur des Altertums zu ermöglichen.

EGON SCHALLMAYER, Direktor

Abb. 2 Siegmund Daxner, Bleistiftzeichnung 43 x 64,5 cm. Ephesos, Ausblick vom großen Theater; August 1972. Besitz der Künstler.

Vorbemerkungen

Die hier gezeigten Bilder und das Ausstellung und Buch vorangestellte Thema bedürfen der Erklärung. Manchem in der zeitgenössischen Kunstszene an Installationen, Performances oder Events weit jenseits der traditionellen Tafelmalerei gewöhnten Betrachter mag beides ein wenig anachronistisch vorkommen, doch trügt dieser Eindruck. Niemand würde heute im Ernst behaupten können, daß Porträt-, Stilleben- oder Landschaftsmalerei sich überlebt hätten, und neue Ausdrucksformen nicht mehr zu finden wären, nur weil die Gattung an sich schon uralt ist. Gegenstand der hier zusammengeführten Arbeiten des Wiener Künstlerehepaars Camilla und Siegmund Daxner, gemalt und gezeichnet zwischen 1971 und 1998 an mehr als 30 antiken Stätten der Türkei, sind im wesentlichen Ruinen. Damit lebt eine Thematik auf, die schon vor mehr als 500 Jahren Künstler zu faszinieren begann und in der Folge zahlreiche Meister gefunden hat. Man täte den Kunstwerken aber Unrecht, wollte man sie als Nachahmung einer romantisch verklärten Ruinenmalerei vergangener Epochen abqualifizieren oder gar als deren zweiten Aufguß ansehen, sondern sie sind, wie die Kunsthistorikerin Brigitte Borchhardt-Birbaumer in ihrem Beitrag treffend konstatiert, «völlig in unserem Jahrhundert und den neuen künstlerischen Manifestationen ohne die Wichtigkeit des Motivs einzuordnen». Gleichwohl sind sie für uns Betrachter aber Bilder mit hohem Wiedererkennungswert, und viele Türkeireisende werden auf Anhieb sagen können: «Das kenne ich doch!» Allerdings hat sich zwischenzeitlich das Äußere manch eines Monuments durch die Arbeit der Archäologen auch verändert. Unsere malerische Reise führt durch die antiken Landschaften Thrakien, Troas, Mysien, Lydien, Ionien, Karien, Lykien, Pisidien, Pamphylien und Galatien. Ausstellung und Buch nehmen sich die Freiheit, die zu unterschiedlichen Zeiten geschaffenen Werke fiktiv zu einem Reiseverlauf zu vereinigen, wie ihn die Geographie sinnvoll vorgibt. Die hier getroffene Auswahl aus einem Bestand von mehr als 200 Werken respektiert den ausdrücklichen Wunsch der Künstler, die natürlich ihre besten Arbeiten dokumentiert sehen wollen, aber in dieser Hinsicht auch Kompromisse eingehen mußten, da jeder bereiste Ort auch belegt werden sollte.

Auch der für Ausstellung und Buch gewählte Titel «Heroische Landschaften» mag auf den ersten Blick den Anschein einer mühsamen Reanimierung von schon einmal Dagewesenem erwecken, faßt man ihn zu eng und nur in seinem ursprünglichen Kontext. Tatsächlich soll aber nur an Vergangenes angeknüpft werden, ohne dasselbe sein zu wollen. Deshalb die Anführungszeichen. Die Kunstgeschichte verbindet mit dem Begriff der heroischen Landschaft bekanntermaßen eine besondere Gattung von Landschaftsmalerei. Gemeint ist die Ideallandschaft, die ihre besondere Prägung durch die Einbeziehung der Antike erhält. Der künstlerische Entwurf ist das, was so aus einer Landschaftsdarstellung eine heroische macht. Exponenten dieser Richtung sind so bedeutende Maler wie Nicolas Poussin und dessen Schwager Gespard Dughet sowie der Meister der lichtdurchfluteten Idylle Claude Lorrain. Sie alle arbeiteten im Italien des 17. Jhs. vor einer beeindruckenden antiken Kulisse und übten einen starken Einfluß auf

Abb. 3   Telmessos-Fethiye, Blick in das Theater. Kupferstich von 1782 nach einer Zeichnung von J. B. Hilair aus dem Jahre 1776.

nachfolgende Künstlergenerationen aus. Eine Blüte erlebte die heroische Landschaft noch einmal im 19. Jh. Nun aber wird sie real erlebt, zugleich aber auch dramatisiert als Freilichtmalerei mit starker Betonung der Tektonik und eindeutiger Hinwendung zu Effekten wie sie nur die Naturgewalten zu erzielen vermögen. Wer denkt da nicht sofort an Carl Rottmann, den Maler Griechenlands. Die hier gezeigten Bilder können und wollen weder in dem einen noch in dem anderen Sinne verstanden werden; gemeinsam ist ihnen lediglich das Sujet, häufig fokussiert dargeboten, nur selten integriert in die ganze Breite der sie umgebenden Landschaft. Die Künstler deklarieren nicht das, was auf dem Bildträger entsteht, als heroisch, sondern das, was sie vor sich sehen. Damit ist der gewählte Oberbegriff Synonym für die so unterschiedlichen Gegenden des kleinasiatischen Subkontinents. Teil der griechischen Welt, ist Kleinasien wie das Mutterland Schauplatz von Mythen und Tatort der Heroen, deren Begräbnisstätte ebenso wie auch der zahlreicher, erst durch den Tod zum Heros gewordener Persönlichkeiten. Damit ist das Land heroisch im ureigentlichen Sinne. Wir treffen hier auf jene Halbgötter, die mitunter weite Wege zurücklegten, um harte Prüfungen im irdischen Diesseits zu bestehen. Wenn man so will, sind sie zugleich auch Zeugen früher Reiselust. Da sind die Helden des Kampfes um Troja, aber auch Bellerophon, der aus Korinth kam und im Land der Lykier vom Rücken des geflügelten Pferdes Pegasos aus die gefürchtete feuerspeiende Chimaira bezwang. Herrscher wie die Attaliden in Pergamon beriefen sich in ihrer Ahnenreihe auf den Sohn des Herakles, Telephos. Die Tarsier wiederum behaupteten von Perseus abzustammen, dem berühmten Heroen, der die Medusa getötet hatte und aus Argos stammte. Viele Städte Kleinasiens hatten versucht, ihre Tradition in mythischer Vorzeit zu verankern.

Es ist nun genau 50 Jahre her, daß Friedrich Freiherr von Rummel, deutscher Gelehrter, Diplomat, Kenner und Liebhaber der Türkei, auf der Suche nach einem Ausdruck für das Wesen der Landschaft wegen ihrer Sättigung mit Zeugnissen der Vergangenheit denn auch folgerichtig den Begriff der heroischen Landschaft adaptierte. An ihn erinnert somit der gewählte Titel von Ausstellung und Buch. Allerdings war er der Meinung, daß es auch des Formats eines Poussins oder Rottmanns bedürfe, diese mythenbesetzte und geschichtsträchtige Landschaft adäquat malerisch zu bewältigen. Ohne sich selbst gedanklich und malerisch auch nur in der

Nähe dieser zwei Größen abendländischer Malerei ansiedeln zu wollen, haben es beide Künstler dennoch gewagt, diesem Postulat eine sehenswerte Alternative entgegenzuhalten, die wohl auch von Rummel gefallen hätte.

In weitaus geringerem Maße als etwa in Italien und Griechenland haben europäische Maler in Kleinasien die Begegnung mit der Antike gesucht, doch beginnt das Interesse an deren Hinterlassenschaften in allen drei Regionen annähernd gleichzeitig. So weit wir sehen, steht Ciriaco d'Ancona am Anfang dieser kleinen Schar Wagemutiger, die für uns noch ohne fest umrissene Kontur ist. Humanist und Altertumsforscher, war er mehr Dokumentar als Künstler, aber doch der erste uns bekannte Antikenzeichner, der zu Beginn des 15. Jhs. in Richtung Levante aufbrach. Maler kommen seit dem frühen 16. Jh. hierher, so im Gefolge von Gesandtschaften wie beispielsweise Peter Coecke, Melchior Lorichs oder Lambert de Vos. Auch in den folgenden Jahrhunderten scheint der Zustrom eher mäßig gewesen zu sein, doch müssen wir bekennen, vorerst nur sehr vage Vorstellungen von der Auseinandersetzung der Künstler mit den antiken Hinterlassenschaften des kleinasiatischen Subkontinents zu haben. Der Leprince-Schüler Jean-Baptiste Hilair etwa, Landschaftsmaler und Zeichner, begleitete den französischen Gesandten Comte Choiseul-Gouffier auf seinen archäologischen Entdeckungsreisen an die Westküste Kleinasiens am Ausgang des 18. Jhs. Seine Arbeiten – topographisch präzise, aber mit bukolischem Flair – dienten als Vorlagen für Kupferstiche zur Illustration von Reisewerken (s. Vorsatz vorne und hinten, Abb. 3). Mit ihren mitunter sehr dekorativen Veduten bilden solche Reisebeschreibungen eine eigene Gattung, gedruckt zur Erbauung und Bildung weniger Vermögender. Die malerische Reise war nicht ungefährlich und auch nicht immer uneingeschränkt möglich. Mitunter mußte man sich mit Bart und Landestracht «verkleiden», wie L. F. Cassas es tat. Auch eine kleine Schar deutscher Maler zieht es im 19. Jh. in die osmanische Türkei, unter ihnen Adolf Schreyer, den die Faszination für den Orient niemals mehr losließ. Es ist nur zu verständlich, daß Konstantinopel Sogwirkung ausübte, bot es doch eher Sicherheit und Komfort als die mitunter unwegsamen Landstriche der mittelmeerischen Küstenregionen oder Anatoliens. Aber man reiste auch nach Smyrna, Ephesus, oder Milet. Die Arbeit, das weit verstreute Material zusammenzuführen, ist noch zu tun, wäre sicher lohnend. Dessen doch insge-

samt schwankende «künstlerische» Qualität zu beurteilen, wird sich der Kunsthistoriker am ehesten zutrauen, ihn aber nicht unbedingt ermutigen, sich der Sache ganzheitlich anzunehmen. Den Archäologen aber interessiert nicht so sehr die Güte des Gesamtentwurfs, sondern die Detailtreue, und so entsteht eine Gemengelage, die dem Material wahrscheinlich die Chance nimmt, als Gattung je seinen Bearbeiter zu finden. Die Spanne zwischen Kunstwerk und dokumentarischer Aufnahme mag breit, manchmal auch gar nicht vorhanden sein. Letztere ist in Gestalt der zeichnerischen, bedingt auch malerischen Bauaufnahme für uns noch am besten faßbar. Das 19. Jh. ist die Zeit der großen archäologischen Expeditionen. Häufig hielten Stift, Feder oder Pinsel des Bauforschers dokumentierend Grund- und Aufrisse sowie Gesamtansichten von Denkmälern, aber auch Land und Leute fest. Der Engländer R. P. Pullan, der Franzose Ch. Texier (Abb. 4) und der Österreicher G. Niemann (Abb. 5) stehen hier stellvertretend für die Spezies, ohne alle übrigen nennen zu können, geschweige denn reihen zu wollen, während das autonome Kunstwerk um seiner selbst willen wohl weitaus seltener anzutreffen ist, von Bilderzyklen ganz zu schweigen. Um solche aber handelt es sich bei der Auswahl der hier gezeigten Bilder von Camilla und Siegmund Daxner.

Zuerst begegnete ich Siegmund Daxner während der Grabungskampagne 1991 in Limyra. Am Tag zuvor angekommen, bemerkte ich ihn erst am nächsten Morgen, als ich dem kühlen Limyros entstieg, in den ich eingetaucht war, um die Müdigkeit zu verscheuchen. Während auf der Grabungsinsel noch kaum Leben wahrnehmbar war, hockte der Mann bereits mit dem Zeichenstift auf seinem kleinen Klappschemel, gebeugt über seinen Malblock, und blickte konzentriert über den Rand seiner Brille in Richtung Weststadt. Voll Neugier sprach ich ihn später an. Da befestigte er gerade das Ergebnis seiner morgendlichen Anstrengung an einem Balken seines Çardaks. Hier war auch die bisherige Ausbeute der Kampagne zu bewundern, entstanden in den Morgen- und Abendstunden vor und nach der Arbeit, einiges auch an Sonntagen. Dazwischen lag anstrengendes Tagewerk mit den Steinen, die versehrt, aber geduldig in der Werkstatt auf ihn warteten. Ich bewun-

Abb. 4 Telmessos-Fethiye, Blick auf ein Felsgrab mit tempelartiger Fassade. Radierung von 1849 nach einer Zeichnung von Ch. Texier.

Vorbemerkungen

derte die kleine Ausstellung und hatte nicht die geringste Mühe, die Ausgangsmotive wiederzuerkennen. Vor allem bewunderte ich diesen Mann, der keinen Müßiggang duldete und sogar noch Zeit fand, sich dem Lauftraining einiger Unverbesserlicher vor dem Morgengrauen anzuschließen und sich dabei noch meisterhaft der lykischen Hunde zu erwehren wußte. Immer äußerte er sich wortkarg und zurückhaltend über seine Malerei und Zeichenkunst. Seine Stimme veränderte aber ihren Klang, wenn er von seiner Frau sprach und begeistert schilderte, wie leicht ihr die Aquarellmalerei von der Hand gehen würde. Ich verstand ihn, als ich in der nächsten Kampagne Camilla Daxner kennenlernte und ihr gelegentlich bei der Arbeit über die Schulter schauen durfte. Das schwere Kreuz, das ihr eine nicht mehr auszukurierende Krankheit auferlegt, bemerkte man nur, wenn die Kräfte sie verließen. Sonst machte sie den Eindruck einer vitalen und willensstarken Frau, die sowohl unglaublich sanft und liebenswürdig, als auch unerbittlich hartnäckig sein konnte. Diese Eigenschaften sieht man ihren Bildern an. Immer frage ich mich seither, woher sie wohl die Energie bezieht, trotzdem mit soviel Sicherheit, Kraft und Leidenschaft zu malen.

Es war dann geradezu zwangsläufig und entsprach dem Wunsch vieler, diese sehenswerten Arbeiten, die an verschiedenen Schauplätzen Kleinasiens entstanden waren, auch einer breiteren Öffentlichkeit zu zeigen. Ganz wesentlich ist es dem Einsatz von Emel Örgen zu danken, daß eine doch insgesamt erfolgreiche Ausstellung von Mai bis Juni 1998 im Museum für Anatolische Zivilisationen in Ankara zustande kam. Ein türkisch-deutsches Faltblatt mit einfühlsamem Text entstammt der Feder von Brigitte und Jürgen Borchhardt und begleitete die Ausstellung. Geplant war, diese im Rahmen eines Kulturaustausches natürlich auch in Wien zu zeigen, doch ließ sich dieses Vorhaben nicht realisieren. Um zu verhindern, daß der Bilderbestand der Daxners in alle Himmelsrichtungen zerstreut wird, ohne vorher auch in einer europäischen Ausstellung gezeigt worden zu sein, regte Günther Stanzl an, in Deutschland nach einem geeigneten Ausstellungsort zu suchen. Es lag nahe, beim Saalburgmuseum, Bad Homburg v. d. H. anzufragen. Seit wenigen Jahren weist dieses für seine weitläufige Öffentlichkeitsarbeit bekannte Antikenmuseum auch ein Kunstforum aus, das Künstlern offen steht, deren Arbeiten einen deutlichen Bezug zur Antike erkennen lassen. Da es sich zum allergrößten Teil um die

4

Wiedergabe antiker Relikte handelt, schien der Rahmen passend. Mario Becker vermittelte, und der Direktor Egon Schallmayer zeigte sich schnell entschlossen, obwohl er zu diesem Zeitpunkt erst eine kleine Auswahl an Bildern gesehen hatte. Eine Reise nach Wien zu den Künstlern bestärkte ihn in seinem Vorhaben. Ihm ist daher ausdrücklich dafür zu danken, daß er sich diesem Vorhaben bereitwillig wie ideenreich öffnete, es in jeder Hinsicht förderte und diese Ausstellung in seinem Hause ermöglichte. Ganz besondere Anerkennung verdient, daß es ihm gelang, den Verleger Franz Rutzen dafür zu gewinnen, diese Schau mit einem Sonderband «Antike Welt» zu be-

gleiten. Da der Zabern-Verlag von seiner Zielsetzung her gesehen keine ausschließliche Künstlerpromotion betreiben kann, mußte der zunächst geplante Rahmen der Publikation erweitert werden. Der Verleger und die betreuende Redakteurin Frau Annette Nünnerich-Asmus schlugen daher vor, jedem Reiseziel der Künstler einen Beitrag zur Geschichte des jeweiligen Platzes an die Seite zu stellen und mit zusätzlichem Bildmaterial, gleichsam als Kontrastprogramm, zu illustrieren. Beiden gilt hier mein ganz herzlicher Dank dafür, daß sie überhaupt das Wagnis und das damit verbundene Risiko einer nicht so ganz rahmengerechten archäologischen Veröffentlichung auf

5

sich nahmen und darüber hinaus deren Genese stets hilf- und ideenreich begleiteten.

Es lag nahe, hier die Persönlichkeiten zu Wort kommen zu lassen, die an den verschiedenen Orten wissenschaftlich tätig sind oder waren, oder aus anderen Gründen über eine Affinität zu diesen Stätten verfügen. Das Echo war überraschend. Fast ausnahmslos nahmen alle Angesprochenen die Anfrage wohlwollend auf und sagten spontan zu, und so kam es zu einer gemeinsamen Anstrengung von Bauforschern, Archäologen und Historikern. Die erlebte Bereitschaft aller Beteiligten hinterläßt ein gutes Gefühl. Die Begegnung von Künstlern und Altertumswissenschaftlern in einem Buch ist gewiß keine ganz übliche Paarung, schon gar nicht das, was man heute unter interdisziplinärer Zusammenarbeit versteht. Sie läßt aber den Kontrast zwischen erlebter und erforschter Antike sichtbar werden, ist damit angesichts Hunderttausender, die jährlich zu den Stätten antiker Vergangenheit pilgern, ein hochaktuelles Thema. Häufig unzureichend oder überhaupt nicht versorgt durch die karge Kost der üblichen Reiseliteratur und die Ignoranz mancher Reiseleiter, reduziert sich für viele die Auseinandersetzung mit dem Übriggebliebenen allein auf dessen sinnliche Wahrnehmung, und der Ertrag wird besten-, niemals aber schlechtestenfalls, emotional verbucht werden können. Diese häufigste Art der Antikenrezeption repräsentiert in gewissem Maße auch der Maler, ist aber gegenüber der schweigenden Mehrheit im Vorteil, dem Gestalt verleihen zu können, was er sieht und empfindet. Freilich haben unsere Künstler durch ihre jahrelange Mitarbeit in Grabungs-Teams doch einen ganz erheblich erweiterten Zugang zu kulturellen Hinterlassenschaften der Vergangenheit. Die eigentliche Funktion des Brückenbauers kommt aber dem Altertumswissenschaftler zu, denn seine Forschungen müssen transparent sein, dem Empfundenen auf dem Fundament gesicherter Erkenntnis Kontur und Struktur verleihen können. Es versteht sich von selbst, daß Künstler eine andere Priorität haben als die Wissenschaftler, und so entsteht ein interessanter Dialog der verschiedenen Sichtweisen. Trotz des Zeitdrucks, dem sich die Beteiligten ausgesetzt sahen, sind alle Beiträge rechtzeitig bei der Redaktion eingegangen. Es ist mir daher ein aufrichtiges Anliegen, mich bei allen Autoren wärmstens für ihre Beiträge und Fotos zu bedanken, die weit über das hinausgehen, was sonst übliche Kompilationen auf diesem Sektor zu bieten vermögen, dabei auch manch neue, noch unpublizierte Erkenntnis vermitteln. Es sind dies namentlich Anton Bammer (Wien), Jürgen Borchhardt (Wien), Brigitte Borchhardt-Birbaumer (Wien), Mustafa Büyükkolanci (Selçuk), Wolf Koenigs (München), Wolfgang Martini (Gießen), Klaus Nohlen (Wiesbaden), Johannes Nollé (München), Emel Örgen (Ankara), Anastasia Pekridou-Gorecki (Frankfurt a. M.), Wolfgang Schiering (Heidelberg), Elmar Schwertheim (Münster), Günther Stanzl (Mainz), Rudolf H. W. Stichel (Darmstadt), Karl Strobel (Klagenfurt), Reinhard Stupperich (Mannheim) und Klaus Tuchelt (Berlin). R. H. W. Stichel danke ich für Hinweise, die mich vor Irrtümern bewahrten, ebenso H.-Chr. Noeske für seine konstruktive Unterstützung. Frau M. Romisch reproduzierte etliche Abbildungsvorlagen. Ihr wie auch E. Baumann (Frankfurt a. M.), die in bewährter Manier die einzelnen Beiträge zu einem Gesamtmanuskript zusammengefügt hat, gebührt einmal mehr mein aufrichtiger Dank. R. Köster, Chr. Schwarz und das Archäologische Institut, Frankfurt a. M. überließen mir freundlicherweise Abbildungsvorlagen zu Istanbul, Euromos und Sardes, und das Österreichische Archäologische Institut gewährte zu den Beiträgen über Ephesos, Selçuk und Pamucak die Publikationserlaubnis für die abgebildeten Photos. Auch hierfür sei gedankt.

So bleibt zum Schluß die Hoffnung, daß Bild und Schrift ihr Ziel erreichen mögen und von dem Betrachter und Leser wohlwollend und mit Gewinn für Auge, Seele und Geist aufgenommen werden. Daß überkommenes Kulturgut nicht nur ständig die eigene Zerstörung provoziert oder anderweitig zugrunde geht, sondern auch immer wieder die vielfältigsten Triebe hervorbringt, sorgt für Kontinuität und ist tröstende Botschaft zugleich in einer Zeit, die manchmal nicht bemerkt, was alles sie verliert. Das gilt gerade auch für Kleinasien, eine der ältesten Kulturlandschaften unserer Erde.

JOACHIM GORECKI, Frankfurt a. M.

Abb. 5 Attaleia-Antalya, das Hadrianstor in der Ostmauer der Befestigungsanlage. Heliogravüre von 1890 nach einer Pinselzeichnung von G. Niemann aus dem Jahre 1885.

Archäologie als Bilderreise

Zu den Arbeiten von Camilla und Siegmund Daxner

von Brigitte Borchhardt-Birbaumer

Es waren mehrere Arbeitsaufenthalte als Restauratoren und daran geknüpfte Privatreisen, die Camilla und Siegmund Daxner für ihre zahlreichen Impressionen türkischer Ruinenlandschaften nützten. Dabei ging es nie um die Wichtigkeit eines Monuments, sondern um die Ausgangslage für das Auge, um eine sehr persönliche Situation: nicht immer ist der beste Sichtpunkt auch geeignet, um für längere Zeit mit allen Utensilien auszuharren – oft kamen Tiere, so z.B. eine Schlange, dazwischen, was die Ruhe empfindlich störte. Manchmal ging es auch um einen der wenigen Schattenplätze oder um einen von Touristen etwas weniger benutzten Pfad. Die Auswahl wird daher als eine subjektive zu betrachten sein. Trotzdem bietet sich eine ansehnliche Bilderreihe bedeutender kultureller Stätten von Thrakien über Lydien und Ionien bis Karien, Lykien und Pamphylien, also vieler wichtiger Ausgrabungsorte bis auf die östlich von Side gelegenen. Im Grunde wären aber auch ohne die äußeren Umstände das Bild des Archäologen und das des Malers nicht vergleichbar, denn das, was wichtig ist für den einen, ist es nicht für den anderen. Die ästhetische Disposition und der Zufall des Augenblicks bewirkten also das, was Camilla und Siegmund Daxner zur Entscheidung eines Motivs führte. Überwiegend entstanden die Aquarelle, Eitemperabilder auf Papier und Holzfaserplatten vor Ort; beide improvisieren aber zu Hause danach mit Zeichnung und Linolschnitt, wenn ein Motiv ihnen besonders zusagt. Oft ist es dann die verkürzte Paraphrase auf das in der Türkei entstandene Bild. Camilla liebt es aber auch, Tiere – besonders zu erwähnen ist ihr sitzendes Kamel von hinten mit hochmütiger Kopfhaltung (Abb. 6) – auf diese Weise genauer auszuführen.

Es gibt Orte, an denen beide länger tätig waren, parallel zum «Brotberuf» und solche, von denen es nur wenige Eindrücke gibt, die auf der Durchreise entstanden, wenn sie in Stimmung waren und ungehindert von Mensch und Getier, ihrer Neigung folgen konnten. Als Künstler sehen sie nicht nur genauer als die Touristen, sondern zuweilen auch genauer als die Archäologen, die in ihrem Fachwissen allein das Gemäuer beurteilen und die wuchernde Natur wie das Wasser nur als gefräßige Zerstörer ihrer steinernen Zeugen empfinden. Es ist für sie eine Welt, die auch fern der Mythen, die all die Orte umkreisen, aber auch fern von Vorstellungen genauer Pläne und Rekonstruktionsideen entsteht. Neben den Ruinen des Artemisions in Selçuk (Abb. 39) spiegelt sich die eine wiedererrichtete Säule im Grundwasser, den gleichen Effekt nutzen die beiden auch beim Podium des Ptolemaions in Limyra, unbeeindruckt von all den Problemen, die durch die Wiederbesiedelung des Ortes eben dieses Monument betrafen. Vom Adyton, dem Kulthof im Inneren des Apollontempels in Didyma (Abb. 47), mahnen das Dunkelblau des Tores neben der Freitreppe oder die violetten Trümmer kolossaler Kultfiguren im Apollontempel von Klaros (Abb. 26) die Betrachter – egal ob Gläubige oder Ungläubige – an die Aufforderung des Gottes: Erkenne dich selbst! Die typischen Felsgräber der Lykier wie in Fethiye (Abb. 59), Myra (Abb. 69) und Limyra (Abb. 56) haben die Künstler oft festgehalten; auch hierbei spürt man die vielen Variationen eines wichtigen Jenseitsglaubens, die Gewißheit der Vergänglichkeit des Menschen wird durch die wuchernden Pflanzen und ziehenden Wolken unterstrichen.

Im Schatten der Bäume des Pergamonaltars (Abb. 21), der Nekropole von Ter-

Abb. 6 Camilla Daxner, Kohlestiftzeichnung 24 x 30 cm. Ephesos, lagerndes Kamel; 1982.

messus maior (Abb. 94) oder vor der Türbe des Kâfi-Baba in der Tekke des Bektaschi-Ordens von Limyra (Abb. 83) werden Betrachterin und Betrachter aber auch an den versunkenen Glanz der Epoche der Attaliden erinnert oder an den Traum Alexanders von der Völkerverschmelzung in seiner Zeit. Die Wurzeln der Bäume, die sich in die Steine eingegraben haben und mitgemalt werden, können auch an die Zerstreuung von Mensch und Kunstwerk in alle Welt gemahnen – und damit ein Hinweis auf die gemeinsam zu lösenden Aufgaben kulturellen Erbes sein.

Mit der Abbildung der wiedererrichteten Celsusbibliothek von Ephesos sind auch die gewaltigen Anstrengungen der türkischen und ausländischen Archäologen, diese Bauensembles für weitere Generationen zu überliefern, von den Daxners fixiert worden; das gleiche gilt für das anschließende Mazaios-Mithridates-Tor (Abb. 31) und den kaiserzeitlichen Apollontempel mit Medusenmasken im Konsolenfries (Abb. 115) in Side.

Die Aquarelle erzeugen also einen Wiedererkennungseffekt der verlorenen Kulturen und Monumente – doch nicht in streng erzählerischer oder gar historisch kontrollierter Form. Die Natur ist über die Geschichte hinweggewachsen und steht in tröstlichem Widerstreit zu allem, was der Mensch hinterläßt – und das ist nicht immer nur positiv kulturelles Gut. So ist auch der Schatten selbst Thema wie die Wurzeln oder eine Oberflächensituation durch die untergehende Sonne nach dem Regen (Abb. 122). Die Vedute als ästhetisches Anschauungsobjekt ist besonders durch die Kunst des 18. Jhs. als Ruine in der Landschaft in unseren Bildungsbürgerköpfen fixiert. Diese ist eine frühe Form der romantischen Landschaft, und so scheint uns denn auch romantisch, was Camilla und Siegmund Daxner in ihrer Reiseerinnerung hier festgehalten haben. Doch es ist auf der anderen Seite auch experimentell und reine Malerei oder Fixierung einer schönen Linie ohne thematische Aussage und damit völlig in unserem Jahrhundert und den neuen künstlerischen Manifestationen ohne die Wichtigkeit des Motivs einzuordnen. Es sollte also kein Wissenschaftler auf die Idee kommen, etwas an den Veduten korrigieren zu wollen, denn darum geht es nicht. Auch eine Gegenüberstellung mit Fotos zeigt deutlich, daß die Aquarelle ganz anders sind als der Istzustand vor Ort, und durch ihre Stimmung haben sie auch eine ganz andere Funktion. Nicht als fixierte Erinnerung an das archäologische Monument, sondern als momentane optische Sensation, die mit der Subjektivität des persönlichen Stils verbunden wird. Die Befrachtung der Blätter mit weiterem Bildungsgut ist allein Sache der Betrachterinnen und Betrachter; ohne dieses Fertigdenken, die Offenheit der Malerei für andere Interpretationen geht ohnehin in der Kunst des 20. Jhs. nichts mehr.

Neben den wenigen reinen Landschaftsbildern gibt es auch Ensembleveduten von Istanbul (Abb. 10), Ephesos, Tlos, Perge und Aspendos. Antike Tempel werden abgelöst von byzantinischen Gotteshäusern wie der Hagia Sophia (Abb. 9) und Moscheen von Selçuk (Abb. 35) und Antalya (Abb. 98): in dieser Bildserie sind alle Weltreligionen friedlich vereint. Auch die Theater sind neben den Tempeln, Gotteshäusern und Gräbern wichtig – sie zeigen den hohen Standard der römischen Ingenieurskunst und erinnern an die frühe Tragödie wie Komödie, an die Spiele des Dionysos und nächtliche Feste bei Fackelschein: in Milet (Abb. 45), Xanthos (Abb. 64. 65), Arykanda (Abb. 73) und Perge (Abb. 97) haben die Daxners sie gemalt, in Aspendos war es auch die Wasserleitung aus den Bergen, die das Malerauge wie die Techniker fasziniert (Abb. 109. 110).

Die beiden Künstler lieben es, am Rande auch Menschen oder Tiere – wie die Kühe am Strand von Pamucak (Abb. 41) oder Schafe vor der Therme von Limyra – in die Bilder zu integrieren, jedoch im Falle der Veduten und Landschaften nur als Beiwerk, aber Camilla läßt zufällige Besucher und die Scherbenwäscherinnen z. B. nicht aus. Denn an

Abb. 7 Camilla Daxner, Ölkreide 56 x 42 cm. Limyra, der Bearbeiter der Münzfunde, Joachim Gorecki; September 1996. Privatbesitz.

Abb. 8 Siegmund Daxner, Kohlestiftzeichnung auf getöntem Papier, 12 x 17,2 cm. Termessos, zerstörte Sarkophage der Westnekropole; Oktober 1997. Besitz der Künstler.

sich ist sie auch eine begeisterte Porträtistin (Abb. 81) und hat auf den Ausgrabungen Einheimische und andere Charakterköpfe, oder auch nur Menschen, die sie mag (Abb. 7), ins Visier genommen und erstaunliche Ergebnisse erzielt. Zur Entspannung von den beiden schwierigeren Themenkreisen ist ihr aber auch das Stilleben willkommen, wobei es ihr bei den großen Hibiskusblüten oder Mohnblumen, die in der Türkei zu finden sind, vor allem um die Farbsensation von ungeheurer Intensität geht. Sie liebt das Bunte, kontrastreich und doch harmonisch abgesetzt zur Umgebung. Zart, unsicher oder von pastelliger Farbe ist ihr malerischer Auftrag und Pinselstrich nie – eher überzeugt, sicher und optimistisch im Ausdruck.

Siegmund ist mit Farben viel zurückhaltender, er nutzt auch den getönten Grund eines farbigen Papiers oder die braune Spanplatte ohne Grundierung, um eine Dämpfung der Farben zu erreichen. Diese Experimente in Eitempera erinnern in ihrem strengen Flächenaufbau an die Kompositionsversuche der Bauhäusler, nur ist Siegmund von der völligen Gegenstandslosigkeit wieder weit entfernt. Die Tektonik seiner Kompositionen – auch der kleinen Zeichnungen mit Kohlestift (Abb. 8) und die Vorliebe des getönten Grundes – verweist auf seine Lehrzeit als Holzbildhauer, der eigentlich im Skulpturalen denkt, wenn er eine Figur oder ein Monument in eine Landschaft positioniert. Diese Variation der Aufnahme von Ideen des Bauhauses ist sicher eine typisch österreichische, die den Daxners schon in ihrer Akadamiezeit begegnete.

Es war eine Abstraktion ohne Neigung zur konkreten Form, die Ideen des Kinetismus, die vor dem Krieg in Wien ansässig waren, wurden nach 1945 nicht mehr aufgenommen – es ging mehr um die Nachwirkungen Cézannes in der Lehre eines Welz oder Pauser, deren Meisterklassen sie besuchten. Auch Boeckl, bei dem sie im legendären Abendakt dabei waren, pflegte sich nie von der Figur und dem Gegenstand zu lösen. Sein Einfluß zeigt sich zuweilen in frühen Zeichnungen wie einer Landschaft bei Ephesos (Abb. 2). In diese Jahre des Aufbruchs, nach der kulturellen Zäsur durch die Nationalsozialisten, kamen beide mit dem Wissen, daß sie die Malerei neben ihrer Restaurierausbildung nicht aufgeben würden, was auch bis heute nicht passiert ist.

Camilla, die am 24.4.1942 in Osijek (Kroatien) geboren wurde, hat als Malerin begonnen; nach je zwei Jahren an den Akademien von Belgrad und Zagreb studierte sie bei Sergius Pauser an der Aka-

8

demie der bildenden Künste in Wien und wechselte erst später ins Restauratorenfach. Siegmund stammt aus Obertraun (Oberösterreich), wo er am 14.8.1940 geboren wurde; er kam nach seinem Studium an der Hallstätter Fachschule für Holzbildhauerei an die Wiener Akademie, um bei Ferdinand Welz in der Meisterklasse für Kleinplastik und Medailleurskunst 1964 abzuschließen. Danach begann er am Denkmalamt als Holz- und Steinrestaurator. Camilla beendete ihr Studium nach der Geburt des Sohnes Ende der 60er Jahre. Allerdings lassen sich beide durch «klassische» Vorbilder aus der Kunstgeschichte anregen: nach den barocken Holländern stehen Turner, aber auch die Expressionisten und der frühe Kandinsky hoch in ihrer Gunst.

In den 70er Jahren pflegten sie beide noch einen anderen Stil, wobei sie sich natürlich gegenseitig beeinflußten, aber immer unterscheidbar blieben: sie verwendeten Erdfarben und umrissen die Gegenstände in starken Konturen (Abb. 35) – so sind ihre ersten Serien von Arbeiten in der Türkei mit den neuen nicht vergleichbar. In beiden Fällen ist ihnen aber die malerische Aussage viel wichtiger als die Erkennbarkeit des archäologischen Denkmals, der künstlerische Eigensinn siegt über die guten Ratschläge ihrer wissenschaftlich ausgerichteten Umgebung. Diese Eigenständigkeit macht auch den Reiz der Werkzyklen von Camilla und Siegmund Daxner aus, und vielleicht können auch die Archäologinnen und Archäologen durch die Betrachtung der Blätter eine für sie selbst bereichernde Sicht gewinnen.

Thrakien

Istanbul *Weltstadt auf zwei Kontinenten*

von Rudolf H.W. Stichel

Istanbul, das alte Byzantion oder Konstantinopel, besitzt eine Ausstrahlungskraft wie wohl kaum eine andere Stadt der Welt. Der Besucher findet einen Ort, der mit seiner gewaltigen Ausdehnung kaum überschaubar ist, und der von dichtem, rauschenden Verkehr und durcheinander quirlenden, geschäftigen Menschenmassen und pulsierendem Leben erfüllt ist, der aber zugleich auch, in unmittelbarer Nachbarschaft und fast übergangslos, andere Bereiche bietet, die ruhig und fast abgeschieden bleiben. Dabei finden sich allenthalben große Monumente einer prachtvollen Vergangenheit, große aufdringliche Prunkbauten, aber ebenso auch zahlreiche Anlagen von bescheidener Größe, die in ihrer Gestaltung und Einbettung einen außerordentlichen Reiz darzustellen vermögen. Diese Unübersichtlichkeit mit ihren immer stark wechselnden Eindrücken erzeugt eine faszinierende Atmosphäre, die wohl bei jedem Besucher eine unauslöschbare Erinnerung hinterläßt.

Hinzu kommt die einzigartige geographische Lage, die die Unübersichtlichkeit bedingt, aber zugleich die Voraussetzung schafft, daß man von Einzelpunkten aus den Eindruck gewinnt, man könne die Stadt als Ganzes, oder doch wenigstens in wichtigen großen Teilen erfassen und übersehen. Denn die Stadt erstreckt sich über hügeliges, vielfach zerschnittenes Gelände mit steilen Hängen und verteilt sich über drei voneinander getrennte Meeresufer, die in geringer Entfernung einander gegenüberliegen und die sehr unterschiedlichen Charakter aufweisen.

Die Altstadt selbst liegt auf einer Halbinsel von grob vereinfacht dreieckiger Form so, daß sie nur an einer Seite mit etwa 7 km Länge an das hügelige Festland grenzt; eine der anderen Seiten grenzt an das Marmara-Meer, über das der Blick fast unbegrenzt schweifen kann. Völlig andersartig ist die dritte Seite, die durch das Goldene Horn gebildet wird. Denn diese tief ins Land eingeschnittene, schmale Bucht, die eher einem breiten Kanal gleicht, begreift man kaum als Teil des Meeres; auf dem jenseitigen Ufer sind die Hänge wieder von weiteren Stadtteilen überzogen, die sich weit auch an den Ufern des Bosporus hinziehen.

Das letztlich zusammengehörende Siedlungsgebiet erstreckt sich aber auch auf die andere Seite des Bosporus, der als langgestrecktes, mehrfach abgewinkeltes breites Tal, eingebettet zwischen steilen, aber mäßig hohen Berghängen, eher wie ein sehr großer Strom daherkommt. Die Wassermassen, die durch den Bosporus vom Schwarzen Meer ins Marmara-Meer strömen und dabei in der Tiefe eine fast gleichstarke Unterströmung erzeugen, wirken eher ruhig und behäbig; ihre Kraft und ihr Widerstreit werden aber aus der Nähe sichtbar, wenn sie in den Buchten nur teilweise zur Ruhe kommen, an den Landvorsprüngen aber umso stärker verwirbeln und gefährliche Strudel erzeugen.

Beide Meeresarme, sowohl das ruhig daliegende Goldene Horn, wie der ungestüm daherfließende, sehr viel breitere Bosporus sind kaum eine Grenze, sondern wirken eher wie ein lästiges Hindernis für den innerstädtischen Verkehr. Mehrere neuzeitliche Brücken überwinden sie, ohne wirklich ausreichende Kapazitäten zu bieten; zahllose Boote, kleinere und größere Schiffe und Fähren relativieren die nasse Grenze und stellen die Verbindung zwischen den Stadtteilen auf den gegenüber liegenden Ufern her, so daß die Trennung vom alten Stadtzentrum kaum wesentlich erscheint.

Wenn so das Verbindende zwischen den Ufern des Bosporus stärker zu sein scheint als das Trennende, fällt es schwer, sich klarzumachen, daß man hier an der Scheide zwischen Europa und Asien steht. Es ist nicht mehr als ein schlichter Grenzgraben, der die beiden Erdteile voneinander trennt; und Istanbul liegt auf seinen beiden Ufern, überbrückt ihn mit seinen Vorstädten. Aber nicht nur für die Landverbindungen stellt Istanbul eine Nahtstelle besonderer Art dar. Denn über die Meeresstraße des Bosporus besteht zu Schiff Anschluß an das Schwarze Meer und damit an die großen Ströme Osteuropas und die von ihnen durchflossenen Weiten. In der anderen Richtung geht der Weg zu Schiff über das kleine Marmara-Meer und eine weitere enge Meeresstraße

Auf den vorhergehenden Seiten:

Abb. 9 Camilla Daxner, Aquarell 32 × 42 cm. Istanbul, Ansicht der Hagia Sophia, eingeweiht unter Justinian 537 n. Chr., nach der Eroberung Konstantinopels Hauptmoschee (Aya Sofya Camii) der Stadt; Mai 1995. Besitz der Künstler.

Abb. 10 Siegmund Daxner, Kohlestiftzeichnung auf getöntem Papier, 12 × 17,2 cm. Istanbul, Blick auf die Serailspitze; Mai 1995. Privatbesitz.

Abb. 11 Istanbul, Blick von Galata aus auf Eminönü mit der Süleymaniye Camii im Hintergrund.

11

in das Mittelmeer und damit auch in die großen Ozeane. Hier in Istanbul mit seinen ausgezeichneten Landungsmöglichkeiten, wo größte Schiffe in Sicherheit unmittelbar am Ufer vor den Häusern der Stadt festmachen können, kommt es einem so vor, als müßten zwangsläufig die Waren aus aller Welt an diesem Punkte zusammenströmen und von hier aus wieder verteilt werden.

Die Gunst der Lage hatte einst zur Gründung der Siedlung geführt: nach einem delphischen Orakelspruch – so wird erzählt – sollten die von Megara auf der Suche nach einer neuen Heimat Ausgezogenen gegenüber den «Blinden» eine Stadt gründen, und so fand man diese Stelle, wo gegenüber auf der asiatischen Seite bereits eine griechische Kolonie lag, die – sicher wegen anderer guter Gründe – die einzigartige Gelegenheit der Häfen am Goldenen Horn und die damit verbundene Kontrollmöglichkeit über die Seewege von der Ägäis ins Schwarze Meer nicht genutzt hatte.

Bedeutung erhielt die Stadt jedoch erst wesentlich später, nämlich als Konstantin der Große sich gegen seinen Mitkaiser Licinius durchsetzte, ihn bei Byzantion vernichtend schlug und damit das römische Reich wieder in einer Hand vereinte. Längst schon hatten die römischen Kaiser überwiegend nicht mehr in Rom residiert; doch blieb diese Stadt unbestritten das Zentrum des Römischen Reiches, auch wenn an vielen andern Orten Paläste und Residenzen gegründet wurden. So hat denn auch die Neugründung des alten Byzantion durch Konstantin, und die Tatsache, daß sie seinen Namen – Constantinopolis – tragen sollte, viele ältere und jüngere Parallelen. Allerdings war wohl hier von Beginn her an etwas Besonderes gedacht. Doch erst im Verlauf der Geschichte ergab es sich, daß diese Stadt, die sehr bald schon die alten großstädtischen Zentren wie Alexandria, Antiochia und auch Ephesos überflügelte, mehr wurde als ein zweites Rom, das dem eigentlichen nachgeordnet blieb, sondern mit diesem in Konkurrenz trat und es letztlich zu ersetzen suchte. Über tausend Jahre wurde der Anspruch vertreten, daß der Kaiser von hier aus das Römische Reich – und damit den zivilisierten Weltkreis regieren müsse. In dem gewaltigen Kuppelbau der Hagia Sophia (Abb. 9), die Justinian im 6. Jh. errichtete, und die mit ihrer Höhe selbst die weitaus schmaleren, höchsten gotischen Kathedralen weit in den Schatten stellt, hat dieser Anspruch in ganz besonderer Weise Ausdruck gefunden.

Die Wirkung dieses Anspruches, der im westlichen Europa, im Bannkreis des alten Rom, immer mit einer gewissen Skepsis und Feindschaft aufgenommen wurde, war so stark, daß bereits der Prophet Mohammed diese Stadt zum Ziel der islamischen Expansion erklärt haben soll. Erst viele Jahrhunderte später ist dieser Traum durch die in ihren Anfängen recht unbedeutende türkische Dynastie der Osmanen in Erfüllung gegangen. Seither wetteiferten die Sultane, deren ausgedehnter, in Parks und Grünlangen eingebetteter Palast nach wie vor die Spitze der Halbinsel besetzt, das Vorbild der Hagia Sophia zu erreichen oder gar zu übertreffen. In diesem Wettstreit haben sie die Silhouette Istanbuls (Abb. 10) gestaltet, und dabei ein unvergleichliches Ergebnis erzielt. Auf den Höhen der Stadt verteilen sich in unregelmäßigen Abständen die großen Kuppeln der Sultansmoscheen (Abb. 11), die von spitz in den Himmel ragenden Minaretten umgeben werden und erzeugen in ihrem Zusammenwirken einen malerischen Eindruck.

Wenn zur festgesetzten Stunde der Gebetsruf ertönt, wird in den engen Straßen der geschäftig-lauten Stadt der Lärm des Verkehrs übertönt. Noch eindrucksvoller vereint sich der Ruf von den zahllosen Minaretten über dem Goldenen Horn zu einem eigenartigen, nur uns Westeuropäern ungewohnt und fremdartig klingenden, auf- und abschwingenden Ton als Bekenntnis von dem einen und einzigen Gott.

Byzantion – Konstantinopolis war im Mittelalter zur Polis schlechthin, zur einzigen wahren Stadt geworden. Auch ihr türkischer Name Istanbul, der wohl davon abzuleiten ist, kündet noch heute von diesem Anspruch. Obwohl nun schon seit rund 80 Jahren ihrer Funktion als Hauptstadt und Regierungssitz eines Staates beraubt, der sich trotz aller Rückschläge letztlich doch noch als Weltreich verstehen konnte, ist sie von erstaunlicher Lebenskraft erfüllt, so als warte sie nur darauf, in ihre alten Rechte wieder einzutreten. Doch in ihrer Vitalität, und trotz der großen Probleme, die moderner Verkehr und Bevölkerungskonzentration, Abfallmengen und Wasserverschmutzung mit sich bringen, scheint sie zu zeigen, daß sie auf derartige Zufälligkeiten nicht wirklich angewiesen ist.

Troas

Alexandria Troas

Eine gemalte, aber versunkene Idylle

von Elmar Schwertheim

Wer heute von Assos kommend an der Küste entlang Troia erreichen will, fährt auf der schmalen Asphaltstraße mitten durch das antike Alexandria Troas. Von der modernen Siedlung Tavaklı aus erreicht man auf einer kurzen, vielleicht 4 km langen, aber sich in vielen Windungen durch die Tomatenfelder schlängelnden Straße die heißen Quellen des modernen Kestanbol, einer Örtlichkeit, die sich nur durch ein kleines Kurhaus mit Badeanlagen auszeichnet. Direkt vor dem Eingang zu dieser Anlage sieht man die ersten Reste einer antiken Nekropole, und man fährt nun über 3–4 km durch diese Totenstadt; rechts und links des modernen Weges sieht man immer wieder Reste von Gräbern, Grabbauten oder Sarkophagen. Vorbei an den Überresten von zwei runden Grabtürmen, betritt man dann fast unmerklich die Stadt. Nur dem geübten Auge fällt der meist von Sträuchern überwucherte Mauerzug auf, der die alte Stadtmauer bildet und durch den die moderne Straße geschlagen wurde. Das alte Stadttor liegt kaum erkennbar rechts der Straße und ist den Blicken des modernen Reisenden entzogen.

Als prominentester Reisender hat wohl durch dieses Stadttor der Apostel Paulus Alexandria Troas betreten, bevor ihn hier ein Hilferuf aus Makedonien erreichte, der ihn dann bewog, das Christentum nach Europa hinüberzubringen. Als ein Tor zu Europa scheint diese Stadt einst wirklich gegründet worden zu sein und neben Konstantinopel auch lange Zeit gewesen zu sein. Wie anders ließe es sich sonst erklären, daß Kaiser Konstantin der Große im 4. Jh. n. Chr. erwogen haben soll, diese Stadt zur Hauptstadt seines Reiches zu machen.

Nichts von all der einstigen Pracht und Größe sieht der Besucher, wenn er, von Osten oder von Süden kommend, die Stadt betritt. Die Straße führt in Windungen durch moderne Getreidefelder, und unvermittelt tauchen rechts Mauerreste auf. Man hält inne, steigt aus dem Pkw und steht vor einem Schild, das die Kulturverwaltung der 60 km entfernten Stadt Çanakkale aufgestellt hat: ALEXANDRIA TROAS. Man blickt auf eine hoch aufragende, windschiefe Mauerecke, die jeden Augenblick einzustürzen droht, entdeckt hinter und unter Sträuchern verborgene gewaltige Mauerzüge und in der Mitte all dessen ein Geviert, umschlossen von drei Bögen, die erahnen lassen, daß der vierte zusammengestürzt ist. Plötzlich wird man sich bewußt, daß man über aufgetürmte Trümmer geht und daß der Grund noch tief unter den Füßen liegt. Ein Erdbeben mag dieses Gebäude – es handelt sich zweifellos um die Hauptthermen der einstigen Stadt – zerstört haben, und nur Bögen aus dem Obergeschoß sind als eine Art, «Memento» erhalten geblieben. Die Geschichte und das Leben dieser Thermen, wie auch der ganzen Stadt, liegen noch im Boden verborgen.

Alexandria Troas ist, gemessen an anderen Städten Kleinasiens, eine junge Stadt; sie wurde erst in den letzten Jahren des 4. Jhs. v. Chr. unter dem Namen Antigoneia von Antigonos Monophtalmos, einem der bedeutendsten Strategen Alexanders des Großen gegründet. Schon bald danach, wohl in den ersten Jahren des 3. Jhs. v. Chr., wurde sie aber von Lysimachos in Alexandria Troas umbenannt und verschönert, wie uns der Geograph Strabon berichtet. Bis heute ist unklar, ob diese Gründung eine völlige Neugründung oder nur eine Umbenennung einer schon bestehenden Siedlung gewesen ist. Auch das «Warum» wird nirgendwo erwähnt, wenn man sich auch denken kann, daß die Gründerväter ein Tor nach Europa suchten, dessen Hafen nicht versandet war (Abb. 14). Durch die Eingemeindung von vielen bedeutenden alten griechischen Städten – wie Gargara, Neandria, Kolonai, Larisa, Kebren oder Skepsis – in diese Neugründung, wurde sie von Anfang an als eine Großstadt konzipiert und verfügte somit über ein ungemein

Auf den vorhergehenden Seiten:

Abb. 12 Camilla Daxner, Aquarell 32 x 47 cm. Blick in die Landschaft bei Alexandria Troas, ehemaliger Hafenbereich; Mai 1994. Privatbesitz.

Abb. 13 Camilla Daxner, Eitempera 24 x 32 cm. In der Troas, Dorf bei Assos. Mai 1994. Privatbesitz.

Abb. 14 Der versandete Hafen von Alexandria Troas.

14

großes kulturelles und wirtschaftliches Potential, was sich einstmals auch sicherlich im Stadtbild zeigte, aber durch kein Schriftzeugnis belegt ist. Die im Boden verborgenen Denkmäler können noch nicht sprechen und müssen erst durch Grabungen zum Leben erweckt werden. Nur die 8 km lange Stadtmauer, die sich im Gelände immer wieder abzeichnet, legt heute Zeugnis von der einstigen Größe und Bedeutung ab.

Erst in römischer Zeit wird durch schriftliche Quellen, wie auch durch Bauten, deren Reste wir heute in geringem Umfang über die Stadt verstreut sehen können, belegt, daß Alexandria Troas eine bedeutende Stadt geworden war. Das hing zweifellos auf der einen Seite mit der sinkenden Bedeutung von Ilion und dem Übergang des kulturellen Erbes dieser vermeintlich römischen Urheimat auf Alexandria Troas zusammen. Auf der anderen Seite war aber sicher auch die zunehmende Prosperität der Handels- und Hafenstadt Alexandria dafür verantwortlich, daß spätestens seit der Zeit Kaiser Hadrians, also in der 1. Hälfte des 2. Jhs. n. Chr., durch die reiche, inzwischen senatorische Oberschicht die Gebäude der Stadt immer zahlreicher und prächtiger wurden. Auch von außen, etwa durch den Athener Millionär und Mäzen Herodes Atticus, erfuhr die Stadt Ehrungen und Unterstützung. Er ließ die Thermen erbauen, die der heutige Besucher als erstes bemerkt, wenn er von Osten in die Stadt hereinkommt und die durch das aufgestellte Schild ALEXANDRIA TROAS als Synonym für die ganze Stadt gelten.

Dennoch läßt sich die Bebauung der Stadt auch heute noch obertägig von der Gründerzeit bis in die byzantinische Ära verfolgen. Ein dorischer Tempel und das Theater liegen abseits der modernen Straße und werden von den Besuchern der Stadt kaum wahrgenommen, sind aber sicher die frühesten Zeugnisse des städtischen Lebens. Ganz in der Nähe ist noch ein mindestens zweistöckiges, heute als Schafstall genutztes Gebäude, dessen antike Zweckbestimmung im dunkeln liegt. Ein zweites kleines Theater, ein Odeion, bietet sich dem geübten Auge von der Straße aus dar. Dieses stammt allerdings sicher aus der römischen Zeit und gehört zu einem Gebäudeensemble am Rande der modernen Asphaltstraße, zu dem auch ein Kaisertempel zählt, von dem nur noch die Trümmer der oberen Fundamentschichten sichtbar sind und der seine Bestimmung erst durch in der Nähe gefundene Inschriften erfahren hat. Reste weiterer Thermenanlagen ragen noch an zwei weiteren Stellen der Stadt aus dem Boden heraus. All dies läßt die einstige Bedeutung und Pracht der Stadt erahnen.

Wann und warum die Stadt aufgegeben wurde und allmählich verfallen ist, ist unbekannt. Vielleicht waren es Erdbeben, vielleicht waren es aber auch die Menschen, die die Stadt zerstörten und unbewohnbar machten. Jedenfalls waren die antiken Ruinen noch im Mittelalter von See aus sehr gut sichtbar und haben manchen Reisenden dazu geführt und verführt, in dieser Stadt die Überreste des antiken Troja zu sehen.

Die archäologischen Überreste von Alexandria Troas gewinnen auch durch die Nähe der Stadt zu Troja/Ilion eine besondere Bedeutung. Die ergrabenen Überreste des zum Territorium der Stadt gehörenden, aber 25 km südlich gelegenen Tempels des Apollon Smintheios machen durch die Friesreliefs sehr deutlich, wie lebendig die Vergangenheit der Troas und der homerischen Epen auch in der römischen Kaiserzeit noch in Alexandria Troas gewesen sind.

Assos

Das Tor der Troas zur Ägäis

Von Reinhard Stupperich

Ein alter Vulkankegel, der sich über der Südküste der Troas aus dem abflachenden West-Ausläufer des Ida-Gebirges erhebt, bildet die Akropolis, ringsum liegt die antike Stadt Assos. Das stufig brechende bräunliche Vulkangestein stellt zugleich das Hauptbaumaterial der Stadt dar.

Assos war eine Gründung der Stadt Methymna, die in nur 12 km Entfernung auf einem Kap an der Nordküste der Insel Lesbos Assos zum Greifen nahe gegenüber liegt. Man hat von Assos aus die Insel immer vor Augen, ebenso von der antiken Hauptverkehrsstraße, die auf dem Höhenrücken des Gebirgszuges über der Küste entlang, durch Assos hindurch und weiter bis zum Apollon-Heiligtum von Chryse, heute Gülpınar, nördlich Kap Lekton führte. Das heutige Dorf Kuruoba liegt einige Kilometer von Assos entfernt, auf dem Gebirgszug an der Straße nach Gülpınar. Auch von hier aus sieht man im Hintergrund aus dem Meer das Gebirgsmassiv von Lesbos aufsteigen. Die Landschaft ist hier relativ karg, was durch die Schafhaltung noch verstärkt wird. In der Antike muß diese Partie hier noch fruchtbarer und streckenweise auch waldreicher gewesen sein.

In der Antike und noch in osmanischer Zeit war Assos der wichtigste Hafen der südlichen Troas, heute hat sich aus dem Handelshafen ein blühendes Touristendörfchen mit beliebten Restaurants entwickelt. Ein Steilhang trennte den Hafen von der antiken Stadt, die darüber am Hang ausgebreitet vor Augen lag, bekrönt von der Akropolis mit dem Athena-Tempel. Als im Hochmittelalter die Piratengefahr immer größer wurde, zogen sich die Einwohner der dezimierten Stadt auf die Nordseite hinter die erneut befestigte Akropolis zurück, so daß man von See her nur Ruinen sah. Von Norden ist noch heute das Dorf Behramkale zu sehen, dessen Häuser sich ursprünglich ganz im Inneren der Stadtmauerreste befanden. Alles deutet auf Siedlungskontinuität in diesem Teil der Stadt hin. Wer sich der Stadt vom Landesinneren aus näherte, mußte in der Antike wie heute mehrere Gebirgszüge überqueren und sah schließlich die Akropolis vor sich aufragen. Unten im Tal war der Tuzla Çay, der antike Satnioeis, auf einer niedrigen Brücke zu überqueren, die in osmanischer Zeit durch eine typische Bogenbrücke (und vor einigen Jahrzehnten durch eine flache Betonbrücke direkt daneben) ersetzt wurde.

Von der osmanischen Brücke aus sieht man im Hintergrund die Nordpartie der Stadt Assos mit den Häusern des heutigen Nachfolgers Behramkale hinter den antiken Stadtmauern aufragen. Hier beeindruckt vor allem der große halbrunde Geschützturm des späten 4. Jhs. v. Chr., der an die kaum ältere gut erhaltene Mauer angebaut ist. Den Tempel auf der Bergspitze kann man aus dieser Perspektive kaum erkennen. Aber hier ist links im Bild die alte osmanische Moschee auf ihrem Felsvorsprung herausgehoben. Moschee wie Brücke sind schlichte, aber eindrucksvolle Zeugnisse der frühosmanischen Architektur des 14. Jhs. Spolien

Abb. 15   Camilla Daxner, Aquarell 38 x 28 cm. Assos, Säule des Athena-Tempels auf der Akropolis; Mai 1994. Privatbesitz.

Abb. 16   Assos, der Athena-Tempel, gesehen von Nordwesten.

Assos – Das Tor der Troas zur Ägäis

16

der antiken Architektur finden sich in den meisten älteren Häusern verbaut. Vorbildlich ist in Assos heute die Denkmalpflege: Nirgendwo darf im Inneren der antiken Stadt gebaut werden, wo nicht vorher ein neuzeitliches Haus stand, und auch dann nur in einem der Art der früheren Häuser angepaßten Stil.

Als Küstenort ist Assos seit langem immer wieder von Reisenden besucht worden. In den 1830er Jahren wurde es erstmals von einer französischen Expedition untersucht, die eine Reihe von Reliefplatten des Athena-Tempels freilegte. Zwei amerikanische Besucher waren einige Jahrzehnte später von den erhaltenen Resten, vor allem den Stadtmauern, so begeistert, daß sie hier 1881–84 die ersten Ausgrabungen des Amerikanischen Archäologischen Instituts begannen. Man beschränkte sich nicht auf eine Untersuchung der Mauern. An den verschiedensten Stellen der Stadt wurden damals Untersuchungen vorgenommen, auf dem Südhang, etwa auf der Agora mit ihren großen Säulenhallen, im Theater und im Gymnasium, alle aus hellenistischer Zeit, am archaischen Athena-Tempel auf der Akropolis und auch außerhalb in den Nekropolen. Die Publikation war für die damalige Zeit vorbildlich. Erst ein Jahrhundert später wurden von türkischer Seite neue Ausgrabungen durchgeführt, an denen sich sechs Jahre lang eine deutsche Gruppe beteiligen konnte.

Auf der Spitze des Berges, 234 m über dem Meeresspiegel, stand als Blickfang für die Seefahrer schon seit dem 6. Jh. v. Chr. ein Tempel, der wohl der Athena geweiht war, rings von Säulen umgeben. Jahrhundertelang ragten nur noch einzelne Fragmente seiner Säulen aus dem Boden. Reliefs und Architekturteile, die man bei den Ausgrabungen im 19. Jh. fand, wurden erst in den Louvre gebracht, spätere Funde wurden zwischen den Museen von Istanbul und Boston aufgeteilt. Die Neufunde der Grabungen, die der Restaurierung des Tempels vorausgingen, sind vor Ort verblieben. Anders als sonst in Kleinasien üblich war der archaische Tempel nicht im ionischen oder gar im äolischen Stil, der in archaischer Zeit hier in der Äolis beliebt war, sondern in der schlichten dorischen Ordnung gebaut. Zwar hatte er bereits eine kanonische Proportion von 6 zu 13 Säulen. Doch bot er für einen dorischen Tempel ursprünglich ein ungewöhnliches Aussehen. Entgegen dem, was im Mutterland üblich war, schmückte man ihn zusätzlich in der Art der ionischen Tempel mit einem Bildfries aus; da der dorische Metopenfries keinen Platz bot, setzte man ihn einfach darunter auf den sonst immer glatten Architrav. Mit dieser Extravaganz hat er die Aufmerksamkeit der Forschung auf sich gezogen. Es gibt sonst keine Parallelen dafür; am Athener Parthenon hat man den berühmten Panathenäen-Fries stattdessen ins Innere des Umgangs verlegt und so die Diskrepanz vermieden. Wie im Grundriß macht sich damit Einfluß der gewohnten ionischen Ordnung bemerkbar. Auf dem Fries waren heraldische Motive wie Tierkämpfe und antithetische Sphingen dargestellt; die interessantesten Szenen sind eigenwillige Darstellungen aus den Heraklessagen, etwa sein Kampf mit vom Weingeruch angezogenen wilden Kentauren oder mit dem Seegott Nereus und ein festliches Gelage. Reliefs und auch sonstiger Bauschmuck waren ursprünglich mit Marmorstuck überzogen und dann bemalt. Damit waren sie auch geschützt.

Heute wird die Oberfläche des witterungsanfälligen vulkanischen Andesitgesteins der Säulen langsam an der Luft zerfressen und platzt zentimetertief ab. Von der Akropolis ergibt sich eine phantastische Aussicht auf die Küste unten, den antiken und heutigen Hafen und die im Osten ins Meer ragende Landzunge mit ihrem schönen Sandstrand, weiter auf das westlich gelegene Lesbos, dessen Gebirgszüge sich immer weiter nach hinten staffeln, und bei guter Sicht auch auf die gegenüberliegende Südküste des Golfs

und die ihr vorgelagerten kleinen Inseln. Dieses Küstengebiet, das Satnioeis-Tal und auch die nördlich anschließenden Täler bildeten zusammen die landwirtschaftliche Versorgungsbasis des antiken Assos, ergänzt durch den Fischfang im fischreichen Golf und vor allem durch den Seehandel. Daß dieser durchaus weit nach Griechenland und in die südliche Ägäis, später sogar nach Ägypten und Italien reichte, zeigen Beigaben in den Gräbern, die vor dem großen Westtor gefunden wurden. Die verkehrstechnische Bedeutung des Hafens zeigt sich auch etwa in den Reiserouten des Paulus, der Assos «auf der Durchreise» mehrfach besuchen mußte.

Die Wiederaufrichtung einiger Säulen auf dem Tempelfundament mit Ergänzungen in einfachem Beton, wobei es nicht auf letzte Exaktheit ankam, hat ihren eigenen Reiz. Sie vermittelt erstaunlicherweise mit ihren sparsamen Mitteln viel eher einen Eindruck vom ursprünglichen Format des Tempels in früheren Jahrhunderten als eine exakte Rekonstruktion das könnte. Der kleine Klotz, der hinter der Geländekante auftaucht, könnte das große Westtor sein. Dahinter, wo bereits der kleine Nachbarort Polymedion lag, ragen kleine Geländenasen ins Meer. Im Gegenlicht der Nachmittagssonne verschwimmt im Flimmern von Dunst und Lichtreflexen in der Ferne die Mutterstadt Methymna, die auf ihrer Akropolis vermutlich einmal das Gegenstück eines Tempels trug. Bisher haben leider noch keine Ausgrabungen dort geholfen, das Verhältnis zu ihrer Kolonie zu klären.

Abb. 17   Camilla Daxner, Öl auf Leinwand 90 x 120 cm. Assos, Bauteile des Athena-Tempels auf der Akropolis in Versturzlage, Zustand 1971; 1971/1998. Privatbesitz.

Abb. 18   Assos, die Akropolis vom Stadtgebiet im Süden aus gesehen. In der Mitte, linker Hand, befindet sich die Agora.

Mysien

Pergamon *Der königliche Berg*

von Klaus Nohlen

Wenn in diesem Bilderreigen Pergamon durch ein duftiges Aquarell von der Altarterrasse vertreten ist, so ist es der Künstlerin in einem einzigen Bild gelungen, zugleich historischen Bezug und Stimmungswert zu fokussieren, den «spiritus loci» ebenso wie die «romantische Landschaft» zu erfassen. An dieser Stelle nahm vor über 120 Jahren die Erforschung der antiken Stätte ihren Ausgang – und zu ihr kehrten mit Sondagen in den Fundamenten unlängst die Untersuchungen zurück.

Der Name «Pergamon» verbindet sich in Deutschland in erster Linie mit dem im nach ihm benannten Museum in Berlin aufbewahrten Altar. Für Generationen von Antikenbegeisterten war der Große Altar eine Art Botschafter dieser «Königin der Ausgrabungen» und der Antike überhaupt. So wie Pergamon berühmt wurde durch die Entdeckung des Großen Altars, so hat diese Darstellung der Schlacht der Götter und Giganten im (meist) kalten Berlin Sehnsüchte heraufbeschworen nach den südlichen Gefilden der Antike. Im Museum wurde sicher auch (wie beim Verfasser dieser Zeilen) der konkrete Wunsch geweckt, die Herkunftsstätte zu sehen und in die Türkei zu reisen.

Die Stelle des Altars wird heute durch willkommenen Schatten spendende und von ferne sichtbare Pinien gekennzeichnet; eine der großen Pinien beherrscht auch unser Aquarell. Die Bäume verweisen nicht nur auf die ungefähre Höhe des Monuments; auch tauchen für jeden, der die Umgebung Bergamas durchstreift hat, die unendlichen Wälder kugelig wogender Pinien des Kozak, des Pindasos der Alten, im Gedächtnis auf. Vor diesem Gebirgsmassiv im Norden bildet der pergamenische Burgberg in grandioser Lage einen «Zeugenberg», ähnlich eindrucksvoll wie der Hohenstaufen vor dem Massiv der Schwäbischen Alb. Unterhalb des Burgbergs erstreckt sich das fruchtbare, weite Flußtal des von Osten zum Meer fließenden Kaikos (Bakır-Çay). Zwar hatte Pergamon mit Eleia auch einen Hafen, aber der Bezug zum gut 20 km entfernten Meer spielt für den Blick kaum eine Rolle. Auch das auf der Landkarte gegenüberliegend erscheinende Lesbos ist, von Bergen verdeckt, gar nicht zu sehen. Nur an klaren Tagen taucht das Meer mit der Bucht von Aliağa (und dem Rauch seiner Industrie-Schornsteine) auf, hinter der sich die Halbinsel Karaburun staffelt. Dagegen beherrscht die aus der Ebene aufsteigende Vorgängerburg von Pergamon, Teuthrania, stets wie eine riesige liegende Kuh den Blick.

Im Vergleich zu ihr ist die Besiedlungsfläche auf dem pergamenischen Berg entschieden größer. Seinen fortifikatorischen Wert erhält der Burgberg durch tiefe Einschnitte der zu seinen beiden Seiten von Norden in den Kaikos mündenden Flüsse Selinus (Bergama Çay) und Ketios (Kestel-Çay). Der Sattel zum Gebirge im Norden ist die «Nabelschnur» für die Versorgung mit Wasser. Ein letzter steiler Anstieg macht aber auch diese Seite sicher vor Angriffen. Darüber hinaus verstärken die Burgmauern die natürliche Festung zur bis heute eindrucksvollen Burg. In späten Wehrmauern, hastig erbaut gegen die Araberstürme des 7. Jhs., waren die Marmorblöcke des Altars vermörtelt.

Hier kommt die oft gestellte Frage ins Spiel, ob der Altar nicht besser an seinem «angestammten» Platz stünde. Lassen wir juristische Erwägungen und zwischenstaatliche Vereinbarungen einmal bei Seite, so bleibt zunächst das Problem seines «historischen» Platzes; sind doch die großartigen Reliefplatten nicht auf dem Fundament gefunden und von dort abtransportiert. Der «historische Zustand» einer Ausgrabung ist die mit Erde bedeckte Stätte; entsprechend wäre in die-

Auf der vorhergehenden Seite:

Abb. 19   Pergamon, Blick auf das Theater unterhalb der Akropolis.

Abb. 20   Pergamon, die Terrasse des Großen Altars. Blick über die im Nebel liegende Ebene des Kaikos im Süden zum Aspordenon-Gebirge (Yünd Dağ).

Abb. 21   Camilla Daxner, Aquarell 28 × 38 cm. Pergamon, Terrasse des Altars, der dem Zeus und der Athena geweiht war, heute im Berliner Pergamonmuseum; Mai 1994. Besitz der Künstler.

sem Fall sein Platz in der frühbyzantinischen Mauer, wo die Reliefs, Gesicht voraus, mehr als 1000 Jahre geschlummert hatten (so weit sie nicht im Lauf der Zeit Stück für Stück von Kalkbrennern herausgelöst wurden). Eine Rückführung an den reellen Ort seiner Ausgrabung ist absurd und schließt sich aus. Aber könnte der Altar denn nicht – quasi als Endpunkt eines historischen Prozesses, der bis heute andauert – am ursprünglichen Ort seiner Erbauung rekonstruiert werden, d. h. zugleich: dürfte er wieder im Freien stehen? Grundsätzlich scheinen mir bei der Erhaltung jedes kulturellen Erbes (im Sinn einer gemeinsamen Aufgabe der Menschheit) drei Bedingungen wichtig: Das Kunstwerk muß zugänglich für die Öffentlichkeit sein und möglichst auch verständlich präsentiert werden; es sollte jederzeit wissenschaftlich bearbeitbar sein; und – am wichtigsten – es muß sachgemäß aufbewahrt sein (d. h. geschützt vor klimatischen Einflüssen, vor Zerstörung oder Beschädigung), so daß seine Erhaltung gewährleistet ist. Das aber bedeutet zwangsläufig für ein Kunstwerk diesen Ranges museale Verwahrung – wie sie für alle heute gefundenen Werke selbstverständlich ist. Nur Kopien, etwa die Panzerstatue auf dem Traianeum, werden als «Platzhalter» noch im Freien aufgestellt.

Also für den Altar doch auch wieder ein Museum?! Wie könnte das aussehen? Zunächst einmal sind die jetzt sichtbaren Fundierungen Teil der Geschichte des Monuments und sollten nicht unzugänglich überdeckt werden. Sie repräsentieren gewissermaßen als einzige in situ befindliche Teile des originalen Bauwerks den Verlauf seiner Geschichte. Auch wirft der Verwitterungszustand der Fundamentblöcke aus Tuff Fragen zur Aufnahme von Lasten auf. Da zudem die Fundamente heute nicht mehr an die Höhe des Auflagers für den Altaraufbau reichen, müßte eine Plattform über den Substruktionen errichtet werden, um darauf im Original oder Abguß die Altarreliefs aufzubauen (die Diskussionen um ihre ungesicherte Zuordnung sei bei diesem Gedankenmodell einmal ebenso beiseite gelassen wie ästhetische Probleme des «schwebenden» Aufbaus). Das alles in jedem Fall und unbedingt umgeben von einer schützenden Hülle – und im weiteren auch von einer Infrastruktur für Besucher.

Ein Stimmungsbild allerdings, wie das hier vorgestellte Aquarell, wäre dann nicht mehr möglich …

Belassen wir es also bei der Ruine von heute, ihrer Verbundenheit mit der Landschaft und ihrer Beschaulichkeit (wenn nicht, meist für kurze Besuche, sich

21

Ströme von Reisegruppen darüber ergießen). Ganz anders muß zur Zeit der Erbauung dieses Kunstwerks der gesamte Burgberg durchgehend gelärmt haben von der Geschäftigkeit zahlloser Baustellen. Eumenes II. (197–159 v. Chr.), der Herrscher über dieses kleine Fürstentum, der sich vielleicht als zweiter Gründer Pergamons verstand, hat zunächst die zu Beginn des 3. Jhs. v. Chr. von Philetairos ummauerte Bergstadt auf die mehr als vierfache Fläche vergrößert und mit einer neuen Mauer umgeben. Die Topographie der Stadt, mit ihren ausgeklügelt um das Theater ansteigenden Terrassen, dürfte zu seiner Zeit kaum wahrnehmbar gewesen sein durch all die Baustellen hindurch (wenn denn alle Bauwerke, die ihm zugeschrieben werden, wirklich auch in seiner Regierungszeit erbaut wurden …). Er läßt das von Philipp V. von Makedonien zerstörte (an unbekannter Stelle) vor der Stadt gelegene Nikephorion, wieder aufbauen; er schmückt das Athena-Heiligtum mit Säulenhallen, baut das Theater um, gestaltet die Obere Agora neu, richtet am südlichen Stadttor den Unteren Markt ein, errichtet das Gymnasium und das Temenos für den Herrscherkult. In seiner Zeit entstehen außer dem eigenen Palast prächtige Peristylhäuser am südlichen Abhang des Bergs. Kurz, Architektur dient hier nicht nur der Repräsentation der königlichen Residenz, sondern zur Demonstration von Macht, die man vielleicht gerade bei den schwankenden Staats-Schicksalen, bis hin zur stetig sich verändernden Größe des Reichs, als nötig ansah. Bauten als Zeichen von Dauer auch – und doch dienten sie der Dynastie selbst nur knapp 50 Jahre, bis zur Vererbung an Rom 133 v. Chr. Doch hat besonders der kulturelle Ehrgeiz seiner Herrscher Pergamon einen Platz in der Geschichte gegeben.

Der drückte sich allerdings nicht nur in Kunstwerken, in Architektur und Städtebau aus, sondern auch in bewundernswerten Ingenieurleistungen. Ebenfalls der großen Ausbauphase wird die Wasserversorgung im großen Stil zugerechnet. Eine 3 km lange Druckleitung, von der ca. 370 m hoch gelegenen Wasserkammer zur Spitze des Burgbergs (mit rund 190 m Wassersäule über dem tiefsten Punkt) steht für eine ungeheuer kühne Wasserleitungstechnik. Das Wasser wurde in einer 42 km langen Freispiegelleitung mit drei Strängen aus Tonrohren aus 1230 m Höhe vom Madradağ herangeführt. Die Herstellung von rund 200 000 Tonröhren, vermutlich dezentral entlang der Trasse, stellt eine respektable logistische Leistung dar.

In der zweiten Blüte der Stadt, der römischen Kaiserzeit, in der sich die offene Siedlung weit in die Ebene erstreckte, waren Ziegeleien noch einmal voll beschäftigt. Diesmal für Ziegel zum Bau des größten heute noch anstehenden Bauwerks der Stadt, der sogenannten «Roten Halle». Vielleicht wurde hier das Material gewählt, weil die wirtschaftlich erreichbaren Steinbrüche durch andere bauliche Unternehmen völlig ausgelastet waren. Vielleicht gab es in dieser zweiten «Hoch»-zeit des Bauens in Pergamon aber auch einfach keine verfügbaren Handwerker mehr, die im Zurichten und Verbauen von heimischem Stein geübt

22

waren, so daß ganze «Hütten» von außerhalb hinzugezogen werden mußten, die ihre eigene Bautechnik und die Herstellungsweise des Baumaterials mitbrachten (vielleicht sogar den ganzen Entwurf).

Als Baustellen in dieser Zeit müssen wir uns vorstellen: Die Aquädukte der römischen Leitungen aus dem Madradağ und von den Quellen des Kaikos; das Traianeum in der von Hadrian bestimmten Ausbauphase; das Amphitheater in einer Talsenke und das Stadion am langgestreckten Hang des davor liegenden Hügels, an dem auch das große Theater gebaut wurde. Von ihm steht nur noch als Ruinenzahn die Durchführung der «Heiligen Straße» durch die Analemma-Wand aufrecht. Auch das ganze Asklepieion am Ziel der via tecta wurde vergrößert, verschönert, so daß man sich fragen muß, wie denn dabei der Kurbetrieb überhaupt aufrecht erhalten werden konnte ...

Die Stadtkrone, die in die Topographie des steilen Bergs inkorporierte hellenistische Anlage, wurde in römischer Zeit durch das imperial aufgepfropfte Traianeum folgerichtig vollendet. Man glaubt, in Pergamon überall durch vordergründig sichtbar Römisches einen hellenistischen Untergrund durchschimmern sehen zu können. Wohl auch städtebaulich hat die griechische Zeit ihre Prägekraft auf römische Planungen nicht ganz eingebüßt.

Als die großen Grabungen begannen, wurde an einen Besucher, an seine Eindrücke oder an Informationen für ihn, eher beiläufig gedacht. Wissenschaftler sehen sich kaum berufen, Stimmungen zu erzeugen, sondern dazu, Informationen zu geben (ohne den «Stimmungen» allzu sehr zu schaden ...). Vor Ort sollten also Informationstafeln nicht im Vordergrund stehen, aber doch auffindbar sein; am Traianeum etwa folgen aus diesem Grund die wiederaufgerichteten Teile der Silhouette des Bergs; sie sollen die Umgebung, die hellenistische Nachbarschaft, nicht «erschlagen»; sie sollen ein Abbild geben, ein Gebäude in seinen ehemaligen Dimensionen und Proportionen verständlich machen, ohne Gegebenheiten zu verfälschen. Eine nicht einfache Gratwanderung – und selbstverständlich immer wieder frag-»würdig». Besonders unter dem Aspekt des viel beschworenen «spiritus loci», der Authentizität.

Es ist der Ausblick in die Landschaft, gerade von den hochgelegenen Terrassen aus, der den Eindruck vom «Königlichen Berg» stark prägt. Hier herrscht grandiose Weite. Auf der sturmumtosten Nordspitze der Burg überwältigt Freiheitsgefühl und Freude an Geiern oder Schwarzstörchen, die aus den Bergen herüberkreisen.

Doch die Menge der Touristen zerstört oft genau das, was der einzelne Reisende sucht: die Ruhe des Ortes, wo Alter und verstreichende Zeit spürbar werden. Aber dieses Paradies, auch das der Entdeckerfreude, ist verloren. Und es gibt wohl auch keine Umkehr. Ausgrabungen müssen – wenn schon nicht von, dann doch: mit den Massen der Besucher leben. Aber nicht nur den Bedürfnissen des Tourismus (mit Infrastruktur wie Parkplätzen, Sanitärinstallationen und Verkaufsmöglichkeiten, die besser extra-muros anzusiedeln wären), ist Rechnung zu tragen; es muß andererseits der Strom kanalisiert werden, sollen die Monumente nicht leiden. Der Zaun um das von der Touristen-Erosion bedrohte Altarfundament ist dafür Beispiel.

«Stadt und Landschaft», die ersten Bände der monumentalen Reihe «Altertümer von Pergamon» zeugen davon, war schon Programm der ersten Ausgräber. Es wird fortgesetzt werden, so lange (und das dürfte noch viele Jahrzehnte sein) in Pergamon noch geforscht wird. Abgesehen davon, daß bisher nur ein Bruchteil der antiken Stadtfläche untersucht ist, öffnet sich auch eine «alte» Grabung immer wieder neuen Fragestellungen.

Abb. 22 Pergamon, Traianeum. Blick aus der Osthalle in den Nordhof. Teilweise Wiederaufrichtung des Tempelgiebels (links), der Nordhalle (rechts) und der Westhalle (im Hintergrund). Vor der Nordmauer das bereits in römischer Zeit in Zweitverwendung errichtete «Ost-Denkmal».

Lydien

Sardes *Gold aus den Wellen des Paktolos*

von Günther Stanzl

Sardes gehört eigentlich nicht mehr zur Mediterraneis, sondern ist schon Anatolien. Und doch spürt man in der Landschaft mit ihren bizarr erodierten Hügeln, den intensiven Farben und dem starken Licht, dem gelegentlich von einem heißen Wind herangewehten Oleanderduft und den hellgrünen Seekiefern untrüglich das Mittelmeer. Sardes liegt malerisch hingebreitet an den Ufern des antiken Paktolos, einem Zufluß im mittleren Hermostal. Die pittoreske Szenerie seiner Ruinen aus dem grau verwitterten, von bunten Flechten gesprenkelten Kalkstein, überragt von der im Abendlicht tief-goldenen leuchtenden Akropolis, umgeben von zerfurchten, mit dichter Vegetation bestandenen Schründen in den Steilhängen, ist ein Fest für künstlerisch sensible Augen.

In Sardes wird einem die seltsam leichte, fast mühelose Verbindung zwischen dem vertrauten Griechischen und den Weiten des Anatolisch-Asiatischen am stärksten bewußt. Von hier verlief die persische Königsstraße über 2500 km weit bis ins ferne Susa jenseits des Zweistromlandes, eine gut ausgebaute Schnellstraße – wie wir heute sagen würden – ins Zentrum des riesigen persischen Imperiums. Dessen gewaltige Ausdehnung wird einem schlagartig klar, wenn man sich vor Augen hält, daß in Persepolis lydische Steinmetzen und Zimmerleute arbeiteten. Im Stadtgebiet ist übrigens diese Straße, zwar mehrmals überbaut, bis in die 50er Jahre unseres Jahrhunderts noch benutzt worden.

Doch Sardes als Hauptstadt des Lyderreiches war schon vorher zu sagenhafter Berühmtheit gelangt. Hier residierte einst Krösus (Kroisos), dessen Name und Geschichten in unseren Sprachschatz als Inbegriff für Reichtum eingegangen sind, ein Mythos aus der archaischen Vorzeit und doch konkrete Historie. Die Story von Gyges, dem sagenhaften Ring, Kandaules und dessen verführerisch schöner Frau Rhodope ging durch Hebbels Bearbeitung in die Literatur ein. Die um Sardes gebaute Grabform des Tumulus und Herodots Überlieferung verbinden sogar die Besiedlung Etruriens mit den Lydern. Die Goldgewinnung aus dem Paktolos mit Hilfe von Fellen, die den feinen Goldstaub ausfischten, mag der Ursprung der Sage vom Goldenen Vließ gewesen sein, sicher war dies der Anfang vom Wohlstand der lydischen Könige. Ihrem Expansionsdrang und Geschick gelang es, das lydische Großreich über das ganze westliche Kleinasien bis zum Halys im Osten auszudehnen und bis zur Zeit des Kyros zu halten. Doch Krösus überschätzte sich und seine Möglichkeiten, mehr noch – unterschätzte Kyros. Der Spruch des Apollonorakels, der zur Überschreitung des Grenzflusses führte, wurde berühmt in seiner Allgemeingültigkeit und seiner Zweideutigkeit wie auch wegen seiner Folgen. Aber selbst nach der Niederlage erzählte man sich

weitere Wundergeschichten von Kroisos, denn er entkam sogar dem Scheiterhaufen, den Apollon für ihn löschte. Dennoch wurde Lydien 546 v. Chr. eine Satrapie des Achämenidenreiches. Damit war es für die Griechenstädte an der Küste zum feindlichen Ausland geworden und fiel 499 v. Chr. beim Ionieraufstand der Brandschatzung anheim. Heute wird die große Epoche der Könige nur noch in den Grabtumuli der nahen Nekropole, Bin Tepe gegenwärtig. Der größte mag wohl der sein, den Herodot als Grab des Alyattes, des Vaters von Kroisos, so anschaulich beschreibt; seine originelle Finanzierung, unter anderem durch die Dirnen von Sardes, wird von dem griechischen Historiker eigens erwähnt.

Herodot widmet Kroisos' Goldenem Zeitalter fast das ganze erste Buch der «Historien». Die Griechen waren Konkurrenten und Bewunderer der Lyder und übernahmen neben einzelnen Versatzstücken in ihrer Mythologie auch einige praktische Erfindungen, wie unter anderem die Prägung von Münzen. Für Sardes als alte Handelsstadt am Endpunkt einer wichtigen Orientroute war bei dem Reichtum an wertvollem Metall die Einführung eines praktischen Zahlungsmittels nur eine Frage der Umstände und der Zeit. Auch in der Pflege der Musik schrieb man den Lydern ebenso wie den benachbarten Phrygern besondere Fähigkeiten zu.

Auf dem Akropolishügel hat man heute Mühe, sich in den wenigen, noch nicht abgerutschten Mauerresten die ebenfalls sprichwörtliche Uneinnehmbarkeit der lydischen Burg mit drei Mauerringen vorzustellen. Letzten Endes fiel sie – wie alle Kriegs- und Belagerungsgeschichten lehren – durch Unachtsamkeit und Überraschung. Was heute zu sehen ist, stammt meist aus frühbyzantinischer Zeit, als Sardes ein berühmter Bischofssitz war, ein Episkopion unterhielt und am Tempel das siegreiche Christentum seine Kirche baute. Christen und Juden hatten schon

25

früh ihre Kultbauten in der Stadt, die Christengemeinde wurde immerhin von Paulus gegründet. Die Synagoge aus dem 3. Jh. n. Chr. ist als ein bedeutendes Beispiel ihrer Art in der Region teilweise rekonstruiert worden.

Im 7. Jh. n. Chr. stießen nach fast einem Jahrtausend noch einmal persische Panzerreiter bis in die alte Satrapenstadt vor. Die Sassaniden konnten von Heraklios nur in einem gnadenlosen, jahrzehntelangen Ringen aus Kleinasien vertrieben werden. Damals flohen die Menschen auf die umliegenden Höhen oder verlassenen Akropolen. So finden wir auch in Sardes oben noch Reste von Wohnhäusern aus dieser Zeit. Doch an eine volle Wiederbesiedlung der Ebene war nicht mehr zu denken, die Araber suchten die Küsten heim und drangen fallweise in die Flußtäler vor. Alles hatte ein Ende, als die plündernden Horden Tamerlans 1402 die Stadt überfielen und sie in Schutt und Asche legten.

Die Osmanen bevorzugten andere Siedlungsformen und Handelswege, die einst berühmte Stadt wurde nicht mehr bewohnt, das heutige Dorf Sart entstand erst zu Anfang dieses Jahrhunderts. Kurz vor dem ersten Weltkrieg begann die archäologische Erforschung durch H. C. Butler, vor allem des Tempels, seit 1958 mit dem Namen von G. M. A. Hanfmann und der Amerikanischen Schule verbunden.

Die Ruinenstätte wird, wie auf dem Bild von Camilla Daxner, von den Überresten des Artemistempels dominiert, auch wenn sich mittlerweile andere, vor allem wiedererrichtete Gebäude, wie das Gymnasium, ins Blickfeld zu drängen scheinen. Der Bau stand in den Ausmaßen von 42 x 95 m in der Tradition der ionischen Großtempel, auch wenn zunächst seine einfache Form als Doppelantentempel ohne Peristasis verwundern mag. Doch für lange Zeit genügte sogar lediglich ein Altar – vielleicht auch ein Signum des alten lydisch-anatolischen Erbes der Stadt. Auf den Altar wurde dann der neue Tempelbau der griechischen Nachfolgerin der Kybele ausgerichtet. Er entstand zu Anfang des 3. Jhs. v. Chr., in der Frühzeit des Hellenismus, wie die fein gemeißelte Bauornamentik und die außerordentlich qualitätvollen, reich verzierten Kapitelle zeigen, die ihn berühmt gemacht haben. Im 2. Jh. v. Chr. schließlich, als Sardes zum Reich des baufreudigen pergamenischen Königs Eumenes gehörte, wurde der Naos mit weitläufigen Säulenhallen umkleidet. In Sardes hat man die von Hermogenes in Magnesia zuerst geschaffene Form des Pseudodipteros noch durch die 17 m tiefen Pronaos-Hallen in besonderer Weise bereichert. Von der raffinierten räumlichen Wirkung kann man sich freilich heute nur schwer einen Eindruck machen. Das aufwendige Unternehmen wurde jedoch nie fertiggestellt, wie die Säulentrommeln zeigen; der sagenhafte Reichtum der Stadt war längst zusammengeschmolzen, zudem hatten Erdbeben sie schwer getroffen. Daran konnten die erneuten Versuche am Tempel in antoninischer Zeit nicht viel ändern, auch wenn noch einmal schöne Bauten der Stadt wieder Glanz verschafften und Artemis mit Faustina, der Frau des Kaisers, eine Kultnachbarin erhielt – neue Herren, neue Götter.

Auf der vorhergehenden Seite:

Abb. 23 *Camilla Daxner, Eitempera 48 x 36 cm. Sardes, Ruine des Artemis-Tempels; Oktober 1997. Besitz der Künstler.*

Abb. 24 *Sardes, Blick auf den Artemis-Tempel und die Ufer des Paktolos von Osten gesehen.*

Abb. 25 *Sardes, Blick auf die Überreste des Artemis-Tempels.*

Ionien

Klaros
Das Orakel des Apollon Klarios

von M. Büyükkolanci / übersetzt von Heide Uzunoğlu

Klaros ist die zentrale Kultstätte der 25 km nördlich von Ephesos gelegenen Städte Kolophon und Notion. Hier befand sich ein dem Apollon Klarios geweihter Tempel, der in hellenistischer und römischer Zeit zugleich auch ein sehr bekanntes Orakel-Heiligtum war. An dieser Stelle hatten sich schon vor Errichtung des Tempels ein heiliger Hain und eine mit dem Kybele-Kult in Zusammenhang stehende heilige Höhle befunden.

Der westliche Eingang (Propylon) der Kultstätte wurde im Jahre 1907 von Theodore Makridy entdeckt und bei den Ausgrabungen, die Makridy anschließend im Jahre 1913 mit Charles Picard gemeinsam durchführte, komplett freigelegt. Die ersten Ausgrabungen innerhalb des Tempelbereiches, die das Gebäude vollkommen freilegten, erfolgten in den Jahren 1950–1960 und wurden von Louis Robert geleitet. Seit dem Jahre 1988 werden Ausgrabungen und Restaurierungen im Tempel und in seiner Umgebung von einer französischen Gruppe unter der Leitung von Juliette de La Genière weitergeführt. Dabei wurden Fundamente des archaischen Tempels entdeckt, zudem zahlreiche Opfergaben und in der Umgebung des Tempels verschiedene alte Bauten und Altäre.

Das in dorischer Ordnung errichtete quadratische Eingangsgebäude weist an seiner Vorderseite vier Säulen auf, im östlichen Teil befindet sich eine halbkreisförmige Exedra. Auf der Exedra und den Säulen sind die Listen der aus Anatolien, Thrakien und anderen Ländern angereisten Gruppen, die sich beim Orakelpriester des Apollon Rat holten, verzeichnet. Ebenso finden sich hier die Namen der Kinder und Jünglinge, die dem Gott Apollon Lobgesänge darbrachten.

Zu beiden Seiten des Prozessionsweges, der vom Propylon zum Tempel führt, befinden sich großteils aus dem 1. Jh. v. Chr. stammende Denkmäler. Sie stellen Städte und Statthalter der Provinz Asia dar. Diese Denkmalsockel, die als Säule oder, häufiger, als Exedra ausgebildet sind, trugen einst bronzene Statuen. Eines der Denkmäler in Form einer Säule wurde zur Gänze restauriert.

Der Tempel des Apollon Klarios wurde in dorischer Form mit 6 x 11 Säulen in den Maßen 26 x 46 m errichtet. Die Fassade des Tempels, bei dem es sich um einen Peripteros handelt, ist auf den östlich gelegenen Altar ausgerichtet und steht auf einer fünfstufigen Krepis. Mit dem Bau des Heiligtums wurde in hellenistischer Zeit begonnen (2. Jh. v. Chr.). Aus einer Inschrift im Architrav der Vorderfront geht hervor, daß es im 2. Jh. n. Chr. zur Zeit des Kaisers Hadrian vollendet oder restauriert wurde. Bei jüngsten Ausgrabungen hat sich herausgestellt, daß schon in archaischer Zeit (6. Jh. v. Chr.) ein Tempel und ein Altar des

28

Apollon hier gestanden hatten, allerdings von kleineren Ausmaßen. Zahlreiche Opfergaben und Statuetten des Apollon aus der Zeit dieses älteren Vorgängerbaus, befinden sich im Ephesos-Museum in Selçuk.

Bevor das Heiligtum im 5.–6. Jh. n. Chr. zerstört wurde, war es ein wichtiger Orakelort für die gesamte Region. Das Orakel wurde in einem heiligen Raum verkündet, der unter der Cella lag und dessen steinerner Gewölbebogen heute noch erhalten ist. Aus den Berichten der griechischen und römischen Ge-

Auf den vorhergehenden Seiten:

Abb. 26   Camilla Daxner, Eitempera 30 x 40 cm. Klaros, Fragmente der Kolossalstatuen aus der Cella des Apollon-Tempels; Mai 1997. Besitz der Künstler.

Abb. 27   Siegmund Daxner, Kohlestift auf getöntem Papier 12 x 17,2 cm. Klaros, Propylon des Apollon Klarios-Tempels; Mai 1997. Besitz der Künstler.

Abb. 28   Klaros, Kopien der Kolossalstatuen, wiederaufgestellt an der Westseite des Apollon-Tempels.

schichtsschreiber geht hervor, daß die Weissagungen nicht wie in Delphi aus dem Munde einer Frau, der Priesterin Pythia, erteilt wurden, sondern aus dem männlicher Priester, die sich Jahr für Jahr abwechselten. Der weissagende Priester begab sich nur während der Nacht in den unterirdischen Raum. Nachdem er aus dem hier befindlichen Brunnen vom heiligen Wasser getrunken hatte, verkündete er in Versen den Orakelspruch.

Inschriften mit den Weissagungen des Apollon Klarios wurden in mehreren Städten des alten Griechenland und der römischen Welt gefunden. Überdies wurde auch in der pisidischen Stadt Sagalassos diesem Gott ein Tempel errichtet.

27 m östlich des Tempels stand einst der große Altar in den Maßen 9 x 18,45 m. Auf einem großen Platz zwischen Tempel und Altar fanden sich vier Reihen von Steinblöcken mit Ringen, an denen einstmals die Opfertiere festgebunden wurden; es muß sich um mehr als 100 solcher Steinblöcke gehandelt haben. Zum ersten Mal fand sich damit hier bei einer archäologischen Ausgrabung ein klarer Hinweis auf die als «Hekatombaia» bezeichneten Opferfeste.

In der Cella des Apollon-Tempels kamen im Verlauf der Ausgrabungen Bruchstücke von Kolossalstatuen des Apollon, der Artemis und Leto zutage (Abb. 28). Diese wurden restauriert, und Kopien davon an der Westseite des Tempels aufgestellt. Bei der Rekonstruktion dieser Statuengruppe orientierte man sich an den antiken Münzen von Kolophon. Auf diesen Münzen ist Apollon sitzend zwischen seiner Mutter Leto und seiner Schwester, der Jägerin Artemis, dargestellt. Artemis steht an seiner rechten Seite und trägt den Köcher über der Schulter.

Nördlich des Apollon-Tempels wurden die Fundamente eines kleinen Tempels ionischer Ordnung aus hellenistischer Zeit aufgedeckt. Östlich dieses als «Artemis-Tempel» bezeichneten Gebäudes befand sich ebenfalls ein Altar.

Die Fundstücke der älteren Grabungen in Klaros werden im Archäologischen Museum von Izmir ausgestellt, die Funde der neueren Grabungen können im Ephesos-Museum in Selçuk besichtigt werden. Besonderes Interesse erregen die Kuroi aus archaischer Zeit, sowie eine Sonnenuhr und ein marmorner Stuhl aus der hellenistischen Epoche.

Ephesos *Ein Ort zum Malen*

von Anton Bammer

Wer heute Ephesos mit öffentlichen Verkehrsmitteln zu erreichen versucht, wird sich in einem Gewirr von Straßen, Flughafen, Eisenbahn und Autobahn wiederfinden. Verläßt der Besucher aber diese technischen Hilfsmittel des modernen Tourismus, so holt ihn die Ruhe einer antiken Landschaft ein. Ephesos hatte das Glück, das nicht allen antiken Großstädten zuteil wurde, in nachantiker Zeit nie überbaut worden zu sein. Zwar fehlen heute die Kamelkarawanen, die vor 30 Jahren noch quer über das Ruinengelände zogen, und auch die Geier ziehen im Herbst nicht mehr über dem Bülbüldağ ihre Kreise, auch der Klang der Flöten der Hirtenjungen fehlt, aber dennoch ist jene unverwechselbare Stimmung klassischer Stätten gewahrt, die nur aus dem Gleichklang von Natur und Vergangenheit entstehen kann. Dieser Eindruck darf aber nicht darüber hinwegtäuschen, daß Ephesos, so wie es sich heute darbietet, eine Konstruktion der modernen Zeit ist, mit ausgegrabenen Gebäuden und wiederaufgestellten Säulen. Das heute sichtbare Ruinengelände ist also auch das Produkt einer mehr als 100 Jahre langen Forschungs- und Restaurierungstätigkeit. In gewisser Weise stehen Camilla und Siegmund Daxner in der Tradition der frühen Reisenden des 17. und 18. Jhs., wie Jacob Spon, George Wheler, Joseph Pitton de Tournefort, Edmund Chishull, Richard Chandler und Marie-Gabriel Choiseul-Gouffier, die zusammen mit ihren Beschreibungen der Ruinen auch Zeichnungen von Künstlern veröffentlichten.

Das ephesische Gebiet ist geprägt von der großen Ebene, welche einst Meer war, dann von den beiden Stadtbergen: Panayır- und Bülbüldağ, zwischen denen ein Taleinschnitt sich bildete, der von einer alten Straße benutzt wurde und schließlich dem Ayasolukhügel, der etwas weiter nördlich alleine dasteht.

Ephesos galt für viele Jahre als eine Stadt der klassischen Antike und der christlichen Epoche. Erst in den letzten Jahrzehnten wurde auch das Ephesos des 2. Jts. v. Chr. entdeckt. Eine Reihe bronzezeitlicher kleiner Siedlungen entstand an den Flußläufen der Umgebung. Aber sogar auf dem Hügel von Ayasoluk und im Artemision wurden Funde der späten Bronzezeit gemacht. Dennoch ist die Lage der Siedlung, welche die Hethiter Apasa – in einem Land Arzawa – nannten, noch nicht lokalisiert. Auch die mykenische Präsenz ist in Ephesos durch

29

Ephesos – Ein Ort zum Malen

Grabungen nur undeutlich nachgewiesen. Keramik auf dem Ayasolukhügel (und ein schöner Grabfund dort) und im Artemision sind zu wenig, um eine mykenische Ansiedlung in Ephesos zu beweisen.

Es ist wunderschön etwa im April in der Umgebung von Ephesos zu wandern und die Blumen wie Manguta, die berühmte Narthexstaude, sowie die blühenden Judasbäume zu sehen und dabei die Reste einer ganz frühen Periode der Menschheitsgeschichte wahrzunehmen.

Für die frühe Eisenzeit konnte immerhin unterhalb des Peripteros im Artemision ein keramisches Kontinuum vom Anfang des 11. Jhs. v. Chr. bis zur Mitte des 9. Jhs. v. Chr. festgestellt werden. Dies ist ein Befund, wie er mit dieser Deutlichkeit an keiner anderen Stelle in Ionien nachgewiesen werden konnte. Ne-

Abb. 29   Camilla Daxner, Eitempera auf Leinwand 90 x 120 cm. Ephesos, Teilansicht der 525 m langen Straße zwischen Hafen und Theater, unter Arkadius ausgebaut und nach ihm benannt, sog. «Arkadiane»; 1971/1998. Besitz der Künstler.

Abb. 30   Ephesos. Blick von der Säulenstraße, «Arkadiane», auf das große Theater.

ben der griechischen Keramik fand sich an der gleichen Stelle auch zahlreiche handgefertigte einheimische Keramik, so daß man annehmen kann, daß im Ephesos dieser Zeit sowohl ionische Griechen als auch Einheimische nebeneinander lebten. Immerhin ist damit der historische Kern der Gründungssage, nach der Androklos, ein Sohn des Kodros von Athen, Ephesos gegründet haben soll, bestätigt. Aus archaischer Zeit gibt es auch keramische Funde vom Nordhang des Panayırdağ und vom Ayasolukhügel, aber auch Fundamente von Häusern einer kleinen Siedlung tief unter der Agora in der Ebene. Dennoch ist die eigentliche Lage der archaischen Stadt unbekannt. Die Stadt wurde jedenfalls vom Lyderkönig Kroisos um das Artemision herum verlegt. Da darüber aber eine viele Meter hohe Schwemmschicht liegt, wissen wir über diese Stadt nichts.

Erst im 3. Jh. v. Chr., nachdem der Diadoche Lysimachos eine neue Stadt über die beiden Stadtberge Panayırdağ und Bülbüldağ anlegen ließ, tritt Ephesos heute wieder sichtbar in Erscheinung. Das Auffallendste an dieser hellenistischen Stadt ist ihre Stadtmauer. Sie ist an manchen Stellen noch viele Meter hoch erhalten. Von den hellenistischen Bauten sind bislang nur wenige ausgegraben,

was aber das Wesentliche dieser Epoche darstellt, ist die regelmäßige, rechtwinkelige Stadtplanung, die quer über die Berge hin, der Richtung des Artemisions folgend, durchgeführt wurde. Das Artemision selbst, zwar jetzt außerhalb der Stadt gelegen, hat hiermit der Stadt einen unauslöschlichen Stempel aufgedrückt. Allerdings blieb ein zwischen beiden Stadtbergen gelegener Rest der alten Prozessionsstraße, die um den Panayırdağ herum vom Artemision ausgehend wieder dorthin zurückführte, erhalten, nämlich die sogenannte Kuretenstraße (Abb. 32. 34 und Titelbild). Diese Prunkstraße ist auch heute noch der von den Touristen meistbegangene Weg innerhalb der Stadt, weil sie auch in römischer Zeit mit hervorragenden Gebäuden und Statuen geschmückt war. Der Begriff Kureten bezeichnet ein Kollegium im Dienste der Artemis, deren Inschriften besonders an dieser Straße gefunden worden sind. Diese Straße voll Marmor ist aber nicht tot, hier leben viele Tiere, kleine Echsen, Chamäleons, Schlangen und der Eisvogel, die an ruhigen Tagen auch sichtbar sind. Die Kuretenstraße beginnt unterhalb der oberen Agora am sogenannten Domitiansplatz, wo an ihrem Anfang der Memmiussbau steht. Dieser Bau mit seinen Karyatiden und Nischen stammt aus

der Zeit der späten Republik und erinnert an die Strafexpedition des Diktators Sulla in Ephesos. Seine bizarre Rekonstruktion ist eher im Sinne einer modernen Plastik zu verstehen, denn als die Wiedergabe eines antiken Gebäudes.

Camilla und Siegmund Daxner haben den Blick vom Ende der Basilika auf die

Abb. 31 Camilla Daxner, Aquarell 38 x 28 cm. Ephesos, Fassade der Bibliothek des Tiberius Iulius Celsus Polemaeanus links im Bild, und das südliche zur Agora führende Tor der Freigelassenen Mazaios und Mithridates rechts im Bild; Mai 1997. Besitz der Künstler.

Abb. 32 Camilla Daxner, Aquarell 47,5 x 32,5 cm. Ephesos, Blick vom Ende der Basilika auf die Kuretenstraße, die durch die Celsus-Bibliothek abgeschlossen wird; Mai 1980. Privatbesitz.

Abb. 33 Ephesos, Blick auf den sog. Domitiansplatz. Deutlich sichtbar ist der rekonstruierte Bogen des Domitianbrunnens, dessen Hauptapsis dem Platz zugewandt ist.

Abb. 34 Ephesos, der Handrianstempel ist mit seiner Fassade auf die Kuretenstraße ausgerichtet und bildet einen Bestandteil des übergeordneten Baukomplexes des Variusbades.

Kuretenstraße als ein Thema ihrer Bilder gewählt, ein Panorama, das auch von vielen Touristen als Standpunkt für ihre Photos benutzt wird.

Weiter unten an der Straße steht der Hadrianstempel. Ihm gegenüber befinden sich zwei Grabmäler, bzw. Heroa. Das eine, das sog. Oktogon, hielt man früher für das Grab der Arsinoe, einer Schwester der Kleopatra.

Die Kuretenstraße wird abgeschlossen von der Bibliothek des Celsus, deren Fassade ebenfalls wieder errichtet worden ist, dabei allerdings möglichst dem antiken Vorbild folgen will. Neben ihr steht das ebenfalls wiederaufgebaute Tor des Mazaios und Mithridates, das den südlichen Zugang zur Agora markiert. Wieder im hippodamischen System, also im rechtwinkeligen Straßenraster, liegt die von der Bibliothek ausgehende Marmorstraße, die zum großen Theater führt. Senkrecht dazu geleitet vom Theater zum Hafen eine breite Hallenstraße, die sogenannte Arkadiane (Abb. 29. 30), eine Straße, die vom Kaiser Arkadius um 400 n. Chr. ausgebaut wurde. Hallenstraßen erfüllten in der Spätantike die Aufgaben, welche in früherer Zeit der Agora zukam.

Ephesos war in der römischen Kaiserzeit eine der prächtigsten Städte des Reiches, neben Tempeln wie dem Domitianstempel, dem Hadrianstempel und dem sogenannten Serapeion gab es zahlreiche Prunkbauten, unter denen das sogenannte Partherdenkmal besonders hervorragte. Seine archäologische Bezeichnung geht auf die Darstellung von Schlachtenszenen aus dem Partherkrieg zurück. Wahrscheinlich war es ein Siegesaltar, aufgestellt an einer bisher nicht sicher lokalisierbaren Stelle in Ephesos. Nur die Reliefs wurden in zweiter Verwendung vor der Celsusbibliothek gefunden und befinden sich heute im Ephesos-Museum in Wien.

Für die Kenntnisse über das Wohnen in römischer Zeit in Kleinasien sind auch die römischen Wohnbauten wichtig, von denen zwei Komplexe südlich der Kuretenstraße ausgegraben worden sind. Sie liegen terrassenförmig am Hang, die Zugänge erfolgen von den Stiegengassen aus, die eine Insula umschließen. Die einzelnen Wohnungen besitzen einen zentralen Hof, meist ein Peristyl, von dem aus man in die Räume gelangt. Manche Räume sind an den Wänden mit Fresken verziert, und die Fußböden weisen Mosaiken auf. Die Häuser waren mehrgeschossig. Die ausgegrabenen Terrassenwohnungen waren in besonderer Lage innerhalb der Stadt gelegen. Sie thronten hoch über dem Meer und dem Hafen, wo keine Stechmücken die Bewohner quälten und

34

ein regelmäßiger leichter Wind auch im Hochsommer Kühle brachte.

Die größten und auffallendsten Ruinen von Ephesos gehören aber nicht in die klassische Antike, sondern in die Spätantike und die frühbyzantinische Zeit. Viele Touristen sind in erster Linie an den christlichen Stätten interessiert. Sie suchen die Orte der Apostel Paulus und Johannes und der Maria, der Mutter Jesu.

Die Spätantike ist aber im Gegensatz zur hellenistischen und römischen Verbauung nicht an Stadterweiterung, sondern an Stadterneuerung interessiert. Obwohl die Bautätigkeit nicht nachließ, wurden vor allem alte Stadtviertel und verfallene Gebäude revitalisiert. Die zahlreichen Erdbeben der Spätantike haben diese Umorientierung mit veranlaßt. In dieser Zeit entstanden einige wichtige große Kirchenanlagen, so die Marienkirche in der Hafenebene und die Johanneskirche außerhalb der Stadt auf dem Ayasolukhügel. Aber auch antike Heiligtümer wurden christianisiert: In das Artemision wurde eine Kirche eingebaut, eine weitere in das sogenannte Serapeion. Auch sonst werden in antike Gebäude kleine Kirchen eingesetzt, so im Ostgymnasium und am sogenannten Lukasgrab. Aber alle diese Bauten wurden im frühen Mittelalter aufgegeben und Ephesos blieb so, wie es die Reisenden und Archäologen in der Neuzeit vorfanden.

Selçuk *Kontraste*

von Anton Bammer

Die moderne Kleinstadt Selçuk entstand im 19. Jh. um die Station der von den Engländern erbauten Eisenbahn von Izmir nach Aydın herum. Die Bahnstation lag östlich der in byzantinischer Zeit Hagios Theologos genannten Siedlung um die Johanneskirche, welche von den Genuesen und Venezianern im Mittelalter «Altoluogo» bezeichnet wurde und von den Seldschuken und Osmanen «Ayasoluk». Der Name Selçuk stammt erst aus der Zeit der türkischen Republik. Der moderne Ort Selçuk wird aber nicht nur durch die Eisenbahn in eine östliche und westliche Hälfte geteilt, sondern auch durch einen byzantinischen Aquädukt in eine nördliche und südliche. Entlang dieses Aquäduktes entstand die wichtigste Geschäftsstraße des heutigen Selçuk.

Der Burghügel von Ayasoluk gehört zu den frühesten Siedlungsgebieten des ephesischen Raumes. Grabungen haben sowohl bronzezeitliche als auch mykenische und früharchaische Funde erbracht. Es ist damit wahrscheinlich, daß eine der archaischen Siedlungen auf diesem Hügel angelegt war, vielleicht sogar der Hauptort, der nach Herodot durch ein langes Seil während der Belagerung durch den Lyderkönig Kroisos mit dem Artemision verbunden war. Denn das Artemision lag im Westen des Hügels.

Unter den östlich von Selçuk sich erhebenden Hügeln ist der Bademliktepe besonders interessant, weil er Fundamente und Mauern einer älteren Bebauung trägt, deren Datierung bislang nicht geglückt ist. Am östlichen Fuß des Ayasolukhügels, mitten in der modernen Stadt, wurden monumentale Gräber klassischer Zeit gefunden, Felsgräber befinden sich am Nordabhang des Berges.

Vom Artemision, das viele Reisende als einen verelendeten Platz angesehen haben, konnten in den letzten Jahrzehnten beträchtliche Überreste sichtbar gemacht und rekonstruiert werden, so die Reste zweier monumentaler Säulen des 4. Jhs. v. Chr., Fundamente des archaischen Marmortempels, die Fundamente des Altars des 4. Jhs. v. Chr. und die Pfeilerfundamente einer Kirche, welche den Tempelhof überdachte. Nur die ältesten Bauten, ein Ringhallentempel aus dem 8. Jh. v. Chr., blieben nach wie vor unter Wasser. Denn das Problem der Präsentation des Artemisions ist die Verlandung und das Grundwasser, dennoch ist das Artemision einer der aufregendsten Plätze von ganz Ephesos, sieht man doch vom Eingang her gleich drei große Heiligtü-

35

36

Abb. 35 Camilla Daxner, Aquarell 32,8 x 47,5 cm. Selçuk, Dorfmotiv; 1971. Besitz der Künstler.

Abb. 36 Fassade eines typischen dörflichen Hauses in Selçuk.

Abb. 37 Siegmund Daxner, Kohlestift auf getöntem Papier 12 x 17,2 cm. Selçuk, der Burghügel mit der Zitadelle; Mai 1997. Besitz der Künstler.

Abb. 38 Die Befestigungsmauern der Zitadelle auf dem Burghügel von Selçuk zeugen noch heute von der Wehrhaftigkeit dieses geschichtsträchtigen Ortes.

Selçuk – Kontraste

37

38

39

40

mer auf einen Blick, den antiken Tempel, die Isa Bey-Moschee und die Johanneskirche (Abb. 39. 40).

Der Peripteros aus dem 8., vielleicht sogar 9. Jh. v. Chr. stellt aber auch eine Verbindung zur ionischen Naturphilosophie dar. Denn der regelmäßig und geometrisch konstruierte Säulenbau ist in Zusammenhang mit den Vorstellungen von Thales und Anaximander zu sehen, welche die Welt als einen rational organisierten Kosmos ansahen.

Der Ort Selçuk, dem sich Camilla und Siegmund Daxner besonders widmeten, ist aber auch ein Ort mit einer großen seldschukischen Vergangenheit. Neben der allseits sichtbaren Isa Bey-Moschee gibt es zahlreiche kleinere Moscheen, sowie Bäder (Hammams) und Grabmäler (Türben).

Das monumentalste Bauwerk von Selçuk aber ist die Zitadelle (Abb. 37–40), eine byzantinische Burg, die in osmanischer Zeit ausgebaut wurde. Der äußere Mauerring umschließt die Johanneskirche mit ihren Zubauten und hat seinen Zugang durch das sogenannte Tor der Verfolgung, so genannt, weil eine im Tor verbaute Sarkophagspolie die Schleifung Hektors darstellte und als Christenverfolgung gedeutet wurde.

Selçuk aber war auch der Ausgangsort für einen Ausflug in das Bergdorf Şirince. Hier ist ein ehemals griechisches Dorf mit seinen Kirchen und Häusern noch in seinem ursprünglichen Zustand erhalten.

Abb. 39 Camilla Daxner, Eitempera 30 x 40 cm. Selçuk, die wiedererrichtete Säule des Artemision aus der spätklassischen Phase, im Hintergrund die Burg von Selçuk; Mai 1997. Besitz der Künstler.

Abb. 40 Noch heute zieht die einsam stehende Säule des Artemisions von Ephesos die Besucher in Scharen an, die diesen Überrest eines der sieben Weltwunder bestaunen.

Pamucak

Sand und Meer

von Anton Bammer

Wenn man heute von Ephesos in Richtung Westen ans Meer fährt, kommt man an ein flaches Küstengebiet, das Pamucak genannt wird. Die ganze Ebene, die sich heute in 8 km Breite vom antiken Ephesos zum Meer ausdehnt, ist das Ergebnis der Verlandung der letzten zweitausend Jahre. Das Erdmaterial, mit dem die große ephesische Bucht aufgefüllt wurde, ist in erster Linie von einem Fluß, dem antiken Kayster, heute Küçük Menderes genannt, angeschwemmt worden. Dieser Fluß hat, bedingt durch die flache Ebene, einen gewundenen, schlangenförmigen Lauf angenommen, so daß er zu seinem Namen «Kleiner Mäander» kam. Geomorphologisch gesehen, entstand die Schwemmebene aus zwei Faktoren: erstens durch den schwankenden Meeresspiegel und zweitens durch lokale tektonische Veränderungen. Da diese Anschwemmungen in verschiedener Stärke zu verschiedenen Zeiten erfolgten, bildeten sich auch niedrige Dünen, welche bewirkten, daß das Gebiet zeitweise im Winter zu einer großen Lagune wurde. Damit entsteht ein ungemein vielfältiges Gebiet mit einem großen Reichtum an Pflanzen und Tieren. Vor allem im Frühling blühen die rosaroten Tamarisken, und die stehenden Gewässer sind weiß von Froschbißgewächsen. Im Wasser stehen Flamingos und Reiher. Im Herbst «bevölkern» die weißen Strandlilien den Sand unmittelbar an der Küste. Das ganze Gebiet nördlich des Kayster wurde daher zum Naturschutzgebiet erklärt.

Doch es gibt auch archäologische Überreste in diesem Gebiet. Das wichtigste historische Denkmal ist der römische Hafenkanal, der es den Schiffen ermöglichte, trotz der Verlandung, den antiken römischen Hafen in der Stadt selbst weiter zu benutzen. Seine Mündung ist noch immer an der Küste erkennbar. An seinen Ufern sind von Schilf überwucherte Säulen, Kaimauern, aber auch römische Gräber und Sarkophage sichtbar. Unmittelbar südlich der Straße, welche heute nach Pamucak führt, ist ein kleines Felsplateau erhalten, das antik überbaut war. Auf dem Plateau erhob sich ursprünglich eine römische Villa, welche in christlicher Zeit zu einem Kloster mit um den Hügelfuß laufenden Arkaden umgebaut worden ist. Weiter landeinwärts liegt im Süden der Bucht ein größerer Hügel, der sogenannte Iğdelitepe. Er besteht aus Kalkmergel, der in Platten abgebaut, vor allem im 8. und 7. Jh. v. Chr. als Baumaterial im Artemision Verwendung fand. Bemerkenswert ist, daß man noch heute im Abbruch dieses Gesteins zahlreiche Feuersteine, auch Flint genannt, findet. Der Norden der großen Bucht weist als Besonderheit noch mehrere kleine Seen auf, welche durch die Abschnürung des Meeres mit dem Verlandungsmaterial entstanden sind. Sie sind sehr fischreich. Noch weiter im Inneren der Bucht ist im Norden die ehemalige Insel Syrie mit archaischen Gräbern sichtbar und im Süden das sogenannte Paulusgefängnis, ein freistehender Turm, der zur hellenistischen Befestigung der Stadt Ephesos gehörte. Die Küste von Pamucak selbst, deren südliche Hälfte jetzt zur Verbauung durch Hotels freigegeben wurde, ist der größte Badestrand in der weiteren Umgebung, der über weite Teile noch natürlich erhalten ist. Wenn man der heute neuen Küstenstraße nach Norden folgt, kommt man zur antiken Stadt Notion und zum Orakelheiligtum von Klaros (s. hier S. 34 f.). Blickt man aber über das Meer selbst, so sieht man an klaren Tagen die Insel Samos und im Süden die hohe Halbinsel Mykale. Der Sonnenuntergang in Pamucak ist auch in diesem großräumigen Panorama von antiken Stätten und umgebender Natur ein Ereignis.

41

42

Abb. 41 Siegmund Daxner, Lithostift auf Papier 12 x 17,2 cm. Pamucak, Kühe am Strand; Mai 1997. Besitz der Künstler.

Abb. 42 Pamucak, Blick auf den heute verlandeten Hafenbereich von Ephesos.

Die Ruinen von Priene

von Wolf Koenigs

Über dem Mäander-Tal, auf einem Hügel am Südhang der Samsun-Dağları, in der Antike Mykale genannt, liegen die Ruinen der antiken Kleinstadt Priene. Ihre bei der Neugründung im 4. Jh. v. Chr. gewählte Lage ist durch einen mächtigen von der Stadtmauer ebenfalls umfaßten Felsen schon von weither zu erkennen. Die einstige Meeresbucht mit dem antiken Hafenort Naulochos ist allerdings seit der Antike vom Mäander gänzlich in eine ebene, fruchtbare Ackerfläche verwandelt worden. Zwei Persönlichkeiten begründeten den Ruhm der antiken Stadt: Bias und Pytheos. Der Philosoph und Diplomat Bias, der wie Thales und Solon zu den sieben Weisen gezählt wurde, lebte noch im alten Priene, dessen Lage unbekannt ist, während die Stadt im 4. Jh. v. Chr. am jetzigen Ort neu angelegt wurde. Dort erlebte Priene seine Blütezeit im Hellenismus und der frühen Kaiserzeit, schrumpfte im Mittelalter aber zu einem Dorf mit einer kleinen Burg zusammen und wurde im 13. Jh. gänzlich verlassen. Schon bei der Neugründung im 4. Jh. v. Chr. hatte der Architekt Pytheos den städtischen Athenatempel entworfen,

den der römische Architekturtheoretiker Vitruv einige Male erwähnte und somit den Namen seines Architekten in die Neuzeit hinein überlieferte. Angeregt durch diese Nachrichten entdeckten englische Kaufleute auf ihren Reisen von Izmir zu den Feigen- und Rosinenmärkten im Mäander-Tal bereits im Jahre 1673 die Ruinenstädte, und 1765 waren es englische Forscher, welche, entsandt von antikenbegeisterten Mitgliedern eines Londoner Clubs, der «Society of Dilettanti», erste Pläne der Ruinen des Athenatempels und seiner Bauteile anfertigten und zusammen mit anderen antiken Bauten der Levante dem mitteleuropäischen Bildungsbürgertum in großen Folianten zur Kenntnis und zur Nachahmung in den Bauten des aufkommenden Klassizismus vorlegten. So benutzte etwa K. F. Schinkel ebendiese erste Publikation des Athenatempels beim Entwurf seines Museumsbaus am Lustgarten in Berlin.

Am Ende des 19. Jhs. wurden, vom Athenaheiligtum und der in der Stadtmitte gelegenen Agora ausgehend, wesentliche Teile der Stadt ausgegraben. Die kurze Grabungsdauer, die Anstellung vieler Arbeiter und der Einsatz von Feldbahnen führte zu einer Art archäologischem Tagebau, der ein kahles Ruinengelände und die typischen Halden mit geraden Rücken und hohen Schuttkegeln hinterließ. In den 60 folgenden Jahren, in denen Priene recht selten besucht wurde, wuchsen Kiefern heran, die zusammen mit niedrigeren Pflanzen dem Gelände den Charakter eines zwar gänzlich unantiken, aber freundlichen und schattigen Parks verleihen, der mit den wenigen, anscheinend leicht verständlichen Ruinen und dem Ausblick auf die weite Landschaft den Besuchern einen beschaulichen, vom städtischen Trubel in Ephesos deutlich unterschiedenen Eindruck vermittelt.

In der Antike freilich war der Stadthügel bedeckt von geräumigen, nach außen allerdings ganz abgeschlossenen Hofhäusern an regelmäßigen parallelen Straßen und rechtwinklig kreuzenden schmalen, meist getreppten Gassen. Von diesen in schlichter Lehmbauweise errichteten Wohnhäusern haben sich die Steinsockel erhalten, die eine Vorstellung der Grundrisse geben. In starkem Kontrast zu diesen bescheidenen Wohnbauten für die

Die Ruinen von Priene

44

etwa 15 000 Einwohner standen die öffentlichen Bauten, die ganz aus dem am Ort anstehenden, teils weißen, teils hellgrauen, bzw. gestreiften Marmor errichtet waren. Selbst die Stadtmauer bestand aus diesem Marmor und gab der ganzen Anlage den Anschein von unerhörtem Luxus. Ebenso der an allen Seiten von Säulenhallen umgebene Stadtplatz, die sog. Agora, die kleineren Tempel und Heiligtümer und – alles überragend – der Tempel der stadtbeschützenden Athena über der Agora. Er war im 4. Jh. v. Chr. bei der Neuanlage der Stadt nach ionischer Ordnung geplant und begonnen worden, und obwohl seine Errichtung

Abb. 43   Camilla Daxner, Aquarell 38 x 28 cm. Priene, im Theater; Mai 1997. Besitz der Künstler.

Abb. 44   Priene, Blick auf den Agora-»Park».

sich dann 300 Jahre lang hinzog, blieb er das religiöse Zentrum der Stadt und nahm schließlich auch den Kaiserkult des Augustus auf, wie noch heute eine Inschrift auf dem Hauptbalken (Architrav) an seiner Ostseite bezeugt. Beharrlich wurde über die ganze lange oft unterbrochene Bauzeit, während der andere große, ebenfalls öffentliche Bauprojekte wie etwa die Agora angefangen und vollendet wurden, am Plan des 4. Jhs. v. Chr. festgehalten. Dessen Architekt Pytheos war durch die Mitarbeit am damals weltberühmten Maussolleion von Halikarnass, dem heutigen Bodrum, bekannt geworden und hat, wenn wir Vitruv glauben wollen, versucht, für Priene nach längerem Stillstand in der Architektur Ioniens einen musterhaften ionischen Bau zu entwerfen, der jedoch – seiner Zeitstellung drei Generationen nach der attischen Klassik entsprechend – auch dorische Entwurfsgedanken verarbeitet hat. Erhalten sind die gestufte Plattform des Tempels, Stylobat genannt, und ein großes

Trümmerfeld seiner Bauteile, überragt von einigen, allerdings nicht bis zur originalen Höhe reichenden, neu aufgestellten ionischen Säulen mit Volutenkapitellen.

Weiter nordöstlich in den Hang gegraben liegt das Theater der Stadt, von dem nicht nur wie vielerorts die halbkreisförmig angeordneten Sitzreihen, sondern auch das Bühnengebäude noch bemerkenswert gut erhalten sind, so daß man einen der seltenen Eindrücke eines antiken Raumes gewinnen kann. In sinngemäßer Fortsetzung alter Nutzung versammeln sich hier Gruppen von Reisenden, um Erläuterungen, bisweilen auch Dichtungen zu hören, auszuruhen und sich in der näheren und – von weiter oben – in der weiteren Umgebung zu orientieren. In ihrer Gesamtheit erfüllt dieser Park auf der Ruinenstätte von Priene wie wenige andere Orte die heutige Sehnsucht nach zivilisationsnaher Natur auf einem gut erkennbaren, wenn auch stark überwachsenen Fundament klassischer Antike.

Milet
Eine Theaterruine über der hellenistisch-römischen Stadt

von Wolfgang Schiering

Um die von Camilla Daxner in ihrem Temperabild festgehaltene Impression des antiken Theaters von Milet (Abb. 45) vor Ort nachempfinden zu können, muß man – von Norden kommend – über das Mykalegebirge und durch die Kreisstadt Söke fahren, dann an den Ruinen von Priene vorbei über die weite Mäanderebene, den einstigen Latmischen Meerbusen. Bei klarer Sicht wird der Blick nach Südosten spätestens bei Priene auf die bizarren Konturen des Latmos gelenkt. Noch vor Erreichen des heutigen Mäanderlaufes erhebt sich dann rechts der Straße als Anhöhe die einstige Insel Lade und etwa geradeaus, links von drei weiteren Anhöhen, der 30 m hohe Hügel mit den eindrucksvollen Resten des Theaters, an dem einmal etwa 500 Jahre lang gebaut worden ist. Lade war die kleine, durch eine für die Griechen verhängnisvolle Seeschlacht bekannt gewordene Insel in dem weit nach Osten ausgreifenden Golf, von dem am Fuß des Latmos noch ein stattlicher See (Bafa Gölü) übriggeblieben ist. Über den Mäander, der einmal, vom heutigen Mündungsgebiet weit entfernt, im Nordosten des Golfes mündete, diesen mit seinen Schlammablagerungen aber allmählich zudeckte und seinen typischen Mäanderlauf ständig geändert hat, mußte man noch nach dem letzten Weltkrieg mit einer Fähre setzen. Nun aber verkürzt eine Brücke den Zuweg zum Theater. Auf einem großen freien Platz davor werden die Autos und die Busse der Besucher geparkt. (Abb. 46)

Das Theater bietet sich in einer Breite von 140 m dar. Die Frontseite wird durch die aus sauber bearbeiteten Marmorquadern gefügten Parodoswände mit einem hohen Bogeneingang links und rechts bestimmt. Zwischen diesen erfreulich gut erhaltenen Mauern öffnet sich der Blick auf das einst noch höher ansteigende, von den Grabungen Theodor Wiegands nach 1899 freigelegte Halbrund mit seinen Sitzreihen für einst bis zu 15 000 Zuschauer. Diesen Blick in die sog. Cavea des Theaters hat in der Antike das mehrmals erneuerte Bühnengebäude, von dem nur noch der Unterbau erhalten ist, entschieden eingeschränkt. Die imposanten Ruinen eines im 12. Jh. gegen die Seldschuken errichteten byzantinischen Kastells bekrönen das in der hellenistischen Epoche begonnene Theater.

Die farbenfroh «hingeworfene» Temperamalerei (Abb. 45) fängt die Situation im hellen Licht des mediterranen Him-

45

mels ein. Die Berge links im Hintergrund gehören zu den gegenüberliegenden Abhängen der Mykale, wo zur Zeit der Erbauung des milesischen Theaters die griechische Kleinstadt Priene (s. hier S. 44 f.) blühte. Berge rechts der Kastellruine meinen wohl den Anstieg zum Latmos hinter dem oben erwähnten See. Daß der Standort der Malerin in der Antike Teil des sog. Theaterhafens war, ahnt man jetzt allenfalls nach einem heftigen Regenfall. Bedeutender als dieser Hafen war für die antike Großstadt Milet der sog. Löwenhafen zwischen dem Theaterhügel und der Anhöhe des Humeitepe. Beide Häfen lagen auf der Westseite der nach Norden in den Meerbusen ragenden milesischen Halbinsel.

Zwischen 1899 und 1914 haben die Berliner Museen unter der Leitung von Th. Wiegand umfangreiche Ausgrabungen durchgeführt. Dabei wurden vor allem die stattlichen Überreste aus der letzten großen Blütezeit Milets während der römischen Herrschaft freigelegt. Das gut erhaltene Markttor hat man nach Berlin gebracht, wo es im Pergamonmuseum zu den herausragenden Zeugnissen römischer Architektur gehört. Große Marktanlagen, Hallen, ein Nymphäum (kunstvoll gebaute Brunnenarchitektur) und Thermen waren außer dem Theater der Stolz der römischen Stadt. Von einer Blüte in hellenistischer Zeit zeugen das ältere Theater, Tempel für Dionysos und Demeter, ein stolzer Grabbau, das Stadion und ein baugeschichtlich wichtiges Rathaus (Bouleuterion) zwischen Nord- und Südmarkt. Ins 6. Jh. v. Chr. geht das Heiligtum des Apollon Delphinios zurück, wo man sich zur Prozession zum großen Apollontempel im 14 km südlich gelegenen Didyma (s. hier S. 48 f.) versammelt hat. Nach jüngsten Untersuchungen ist auch der große Athenatempel im Süden des Theaters älter als die 494 v. Chr. erfolgte Zerstörung Milets durch die Perser, die auch eine durch V. von Graeve teilweise ausgegrabene befestigte Siedlung bei einem kleinen Artemistempel auf dem südlich der Stadt gelegenen Kalabaktepe traf. Die Forschungen der letzten Jahrzehnte haben bestätigt, daß der Wiederaufbau Milets nach 494 v. Chr. auf dem

46

Territorium der archaischen Stadt erfolgt ist. Das später von einer neuen Stadtmauer umgebene Gebiet erreichte allerdings bei weitem nicht mehr die Ausdehnung der glanzvollen Zeit der milesischen Philosophen, in der die Stadt – vor allem am Schwarzen Meer – mehr als 80 Kolonien gründen konnte. Die Ausgrabungen nach dem 2. Weltkrieg haben sich viel mehr auf die Frühzeit als auf die byzantinische Zeit (mit drei großen Kirchen und Bischofspalast) oder auf die islamische Vergangenheit (Moscheen, Karawansereien, Bäder) konzentriert. Die von W.-D. Niemeier seit 1994 mit modernsten Hilfsmitteln zur Senkung des hohen Grundwasserspiegels fortgesetzten Grabungen von 1955–1969 (C. Weickert und G. Kleiner) haben unmittelbar südlich des Athenatempels mit vielen interessanten Funden Siedlungsschichten von der Kupferzeit bis ans Ende der mykenischen Periode aufgedeckt und enge Kontakte zu den minoischen Kretern bzw. den mykenischen Achäern erwiesen. Hier, in den Nekropolen des Değirmentepe und einem Aphroditeheiligtum auf dem Zeytintepe wird auch in den nächsten Jahren das Hauptgewicht der Miletgrabungen liegen.

Wenn man über die Treppen, welche die keilförmigen Sitzblöcke des Theaters trennen, hinaufsteigt, gewinnt man einen schönen Überblick in südwestlicher Richtung: Athenatempel, Kalabaktepe, Değirmentepe, Zeytintepe. Verläßt man dann oben das Theater an der Kastellruine vorbei, so eröffnet sich ein instruktives Bild von der Ausdehnung der hellenistisch-römischen Stadt.

Abb. 45   Camilla Daxner, Eitempera 30 x 40 cm. Milet, Blick auf das Theater; Mai 1997. Besitz der Künstler.

Abb. 46   Milet, Blick aus dem Theater in südwestlicher Richtung mit Athena-Tempel, Kalabaktepe, Değirmentepe und Zeytintepe.

Didyma *Oder das vollendete Fragment*

von Klaus Tuchelt

Wer heute nach Didyma kommt, erreicht die Ruinenstätte nach etwa 170 km südlich von Izmir nach Passieren der Ebene des Mäander auf einer modernen Fahrstraße in Küstennähe über den Ort Akköy im Süden von Milet. Nach Strabon, einem Geographen um Christi Geburt, war Didyma der südlichste Punkt der im Altertum als Ionien bekannten Landschaft, an dem Karien begann. Die heutige Ortschaft Yenihisar entstand am Ende des 18. Jhs. und hat das antike Didyma überbaut. Mit dem in der heutigen Ortsmitte gelegenen Apollonheiligtum wurde es zu einem Zentrum des Tourismus.

Die Erforschung von Didyma, das im Altertum durch das Orakel des Apollon berühmt war, reicht bis ins 18. Jh. zurück, und sein Tempel gehört zu den Inkunabeln der antiken Bauforschung seit englische Gelehrte erstmals Bauglieder von dem noch unter einem Trümmerhügel liegenden Tempel des Apollon aufnahmen, um die Ergebnisse für die zeitgenössische Baukunst nutzbar zu machen. Im 19. Jh. folgten französische Expeditionen und die ersten Ausgrabungen, die bei den Schwierigkeiten dieser Unternehmung unvollendet blieben. Ein neuer Anlauf der Berliner Museen führte in den Jahren 1906 bis 1913 zu der bewundernswürdigen Leistung, den Riesentempel freizulegen, eines der am besten erhaltenen Großbauten der Antike. Die Wiederaufnahme der Erforschung des Heiligtums von Didyma erfolgte im Jahre 1962, und die Ausgrabungen werden seitdem dank der jährlich erneuerten Genehmigung der türkischen Regierung vom Deutschen Archäologischen Institut durchgeführt. Dabei wurde erkannt, daß das in der modernen Ortsmitte gelegene Apollonheiligtum Teil eines größeren, noch unentdeckten Heiligtums ist, das zum Zielpunkt neue Ausgrabungen im Nordwesten der Ortschaft hatte mit der Entdeckung eines Heiligtums von Apollons Schwester Artemis und der wiederaufgefundenen Prozessionsstraße, die im Altertum die Hafenstadt Milet mit Didyma verband.

Der im 4. Jh. v. Chr. begonnene Tempelbau im Apollonheiligtum blieb nach 600 Jahren Bauzeit unvollendet. Unter dem Eindruck der Tempelrekonstruktionen, aber auch angesichts der Ruinenstätte ist es nicht leicht, sich bestimmte Erscheinungsformen vorzustellen, die der Tempel während seiner langen Bauzeit annahm. Die Erscheinungsform bestand über Jahrhunderte in einem über 20 m hohen Kubus strahlend hellen Marmors, der erst später und nur stellenweise den Säulenkranz einer Ringhalle erhielt.

Die Eigenart dieses Baues, verglichen mit griechischen Tempeln, und seine Lage in einer Bodensenke wird einem erst dann bewußt, wenn man ihn betritt: außen in der Gestalt eines Ringhallentempels, im Innern ein Hofraum. Nach

Abb. 47 *Camilla Daxner, Aquarell 40 x 30 cm. Didyma. Die Didymaion genannte Orakelstätte des Apollon und der Artemis war das Hauptheiligtum der 14 km nördlich gelegenen Stadt Milet und mit dieser durch einen Prozessionsweg, die sog. «heilige Straße» verbunden. Blick aus dem tiefer gelegenen Hof (Sekos) gegen Nordosten auf die große Freitreppe, die zum sog. «Zweisäulensaal» führte; Mai 1997. Besitz der Künstler.*

Abb. 48 *Didyma, Blick von Südwesten auf die Ortschaft Yenihisar mit dem Apollonheiligtum in der Ortsmitte.*

Durchschreiten der Ringhalle betritt man einen Raum mit zwölf Säulen. Anstelle der vom griechischen Tempelbau bekannten Cellatür befindet sich ein Portal mit einer unüberschreitbaren monolithen Schwelle. Ins Innere gelangt man seitlich des Portals durch zwei Tunnelgewölbe, die in den tiefgelegenen Hof oder das *adyton* hinabführen, eine Bezeichnung, die die Unnahbarkeit des Ortes anzeigt. Das Hinabsteigen, die *katabasis*, öffnete den Weg zur Orakelstätte im Westen des Hofes mit dem Kultmal der Quelle an der zutiefst gelegenen Stelle des Heiligtums, wo sich ein Bau befand, der lange Zeit als Schrein für das Kultbild galt, aber durch jüngere Forschungen als Sitz des Orakels, als *manteion*, identifiziert werden konnte. Im Osten und in Umkehrung der Richtung zur Orakelstätte führt eine Freitreppe, die in den Inschriften genannte *anabasis*, zu einer Dreitürenwand hinauf, die sich auf einen Saal mit zwei gegenüberliegenden Treppenhäusern und dem großen Portal öffnet. So unbestritten es ist, daß die Baukonzeption die kultischen Vorgaben zu berücksichtigen hatte, so wenig wissen wir über diese Vorgänge selbst. Freitreppe und Dreitürenwand bilden innerhalb des Hofes eine Fassadenarchitektur, die auf die Vorgänge im Hof bezogen ist, die kaum ausschließlich der Orakelbefragung gegolten haben werden, sondern auch der «Liturgie» des Apollonkultes und den Kulten der im Tempel verehrten Gottheiten Leto und Zeus. Im Unterschied zur Weiträumigkeit des Hofes bot sich im Zwölfsäulensaal ein nur begrenzter Ausblick auf das große Portal, der für eine größere Menschenmenge mehr zum Hören als zum Schauen bestellt war. Dazu gehörten, für uns heute schwer vorzustellen, noch dazu in den Jahreszeiten verschieden, die Lichtverhältnisse, die Abstufung der bis zum Dämmerlicht reichenden Schattenzonen in der Ringhalle und den beiden Sälen mit ihren 20 m Deckenhöhen, getrennt von der im offenen Schacht des Hofes und seiner Gesamthöhe von mehr als 25 m gesammelten Lichtfülle.

Von ganz anderer Erscheinung war das Heiligtum der Artemis im Nordwesten der heutigen Ortschaft. Zwar war auch hier eine Quelle das Kultmal, aber die Anlage war eingebettet in die Landschaft und hat bei allen Veränderungen in den Grundzügen eine altertümliche Gestalt bewahrt. Es war ein Bezirk auf einer

48

Felsbarre, dessen Einrichtungen darauf schließen lassen, daß Wasser eine zentrale Rolle im Kultgeschehen gespielt hat, dessen Aufgaben die *Hydrophoren* oder Wasserträgerinnen genannten Priesterinnen der Artemis wahrnahmen. Dieses Heiligtum bietet mit den Ergebnissen der neuen Ausgrabungen ein Bild von den Anfängen bis zum Ausklang des antiken Didyma, d.h. über eine Zeitspanne vom 7. Jh. v. Chr. bis ins 7. Jh. n. Chr. Die Bauten bestanden im allgemeinen aus Kalkbruchstein mit verputzten Wänden und Tonziegeldächern. Der Anblick muß zur Bauruine des marmornen Riesentempels in einem Kontrast gestanden haben, der mehr zum Verständnis des antiken Ortsbildes beitragen kann als der Großbau des Tempels allein. Denn die Dominanz dieses Bauwerks kann nicht darüber hinwegtäuschen, daß sich dem Blick ein von der Landschaft geprägtes Heiligtum bot, dessen Grundzüge in archaischer Zeit festgelegt worden sind. Man stellt fest, daß dieses Bild von einer inselartigen Lage einzelner Komplexe bestimmt war, die dezentralisiert und von unbebauten Zonen umgeben waren. Als Band führt der alte Prozessionsweg durch das Heiligtum, ursprünglich ungepflastert und keinem urbanistischen Prinzip folgend. Sein Verlauf von Milet bis ins Heiligtum von Didyma führte über hügeliges Gelände und war von der Lage von Kultstätten bestimmt, an denen die jährliche Prozession Station machte, deren letzte das Apollon-

heiligtum von Didyma war. Wie an so vielen Orten Kleinasiens erlebte auch Didyma in der römischen Kaiserzeit eine rege Bautätigkeit, die das Ortsbild im Sinne der Zeit städtisch gestaltete mit öffentlichen Bauten und der Pflasterung des Prozessionsweges innerhalb des Heiligtums.

Eine Reihe schwerer Erdbeben, die für das 4. Jh. n. Chr. überliefert sind, führte zu Zerstörungen im Heiligtum. Nicht weniger als das Ausmaß dieser Zerstörungen besiegelten die Verbote heidnischer Götterverehrung das Ende des Kultbetriebs. Mit dem Verlust des Kultbetriebs hatte Didyma zwar seinen Ruf als paganes Heiligtum verloren, aber geblieben waren ihm das Potential seiner Vergangenheit und die künftige Nutzung des Bestandes. Dies bezeugen unter Ausbeutung der vorhandenen Bausubstanz die Anfänge einer neuen Bautätigkeit im 5./6. Jh. n. Chr., von der die im Kulthof des Apollontempels errichtete Säulenbasilika das eindrucksvollste Zeugnis gewesen ist. Didyma wurde zum Bischofssitz. In den nachfolgenden fünf Jahrhunderten wurde der Apollontempel zum Kastell ausgebaut, und die Reste des antiken Heiligtums dienten als Steinbruch für die Unterkünfte einer dörflichen Siedlung. Ein Erdbeben im 15. Jh. hinterließ vom Bau des Apollontempels eine Trümmermasse; sie wurde 300 Jahre später zum Gegenstand archäologischer Forschung.

Karien

Aphrodisias

Die Göttin mit den ausgestreckten Armen

von Mustafa Büyükkolanci / übersetzt von Heide Uzunoğlu

Aphrodisias, das an der östlichen Grenze Kariens liegt, war in römischer Zeit eine der bekanntesten Städte dieser Region. Aufgrund der Ausgrabungen von Pek-

Abb. 49 Camilla Daxner, Aquarell 38 x 28 cm. Aphrodisias, Blick von Nordwesten auf das Propylon (Tetrapylon) des Heiligtums der Aphrodite; Mai 1997. Besitz der Künstler.

Abb. 50 Aphrodisias, Blick von Südwesten auf das Propylon (Tetrapylon) des Heiligtums der Aphrodite.

meztepe, wo sich das Theater befindet, kann man mit Bestimmtheit sagen, daß sich die Gründungsgeschichte dieser Stadt bis ins 4. Jt. v. Chr., also bis in das Chalkolithikum, zurückverfolgen läßt.

Im Jahre 1961 begann die Universität New York unter der Leitung von Prof. Dr. Kenan Erim in der antiken Stadt, die in der Nähe des Dorfes Geyre (Regierungsbezirk Aydın, Distrikt Karacasu) liegt, mit den Grabungsarbeiten. Die Ausgrabungen wurden bis 1990 in großem Umfang und sehr erfolgreich weitergeführt. Außer der prähistorischen Siedlung wurden auch das Theater, das Stadion,

die römischen Bäder, das Odeion, der Bischofspalast, die Portikus des Tiberius, die Agora, das Tetrapylon und der Tempel der Aphrodite vollkommen freigelegt. Gleichzeitig konnte nachgewiesen werden, daß sich in Aphrodisias eine berühmte Bildhauerschule befunden hatte.

Das wichtigste Gebäude innerhalb der Stadt ist der Tempel der Aphrodite (Abb. 51). Es handelt sich um einen Pseudodipteros (8 x 13 Säulen) ionischer Ordnung, der gegen Ende des 2. Jhs. v. Chr. errichtet wurde. Einige der Säulen stehen bis heute (insgesamt 14 Beispiele). In spätan-

tiker Zeit (5. Jh. n. Chr.) wurde der Tempel in eine Basilika umgewandelt, wobei Pronaos und Cella entfernt und im Osten eine große Apsis, im Westen ein Narthex angebaut wurden.

Der Kult der aphrodisischen Aphrodite geht auf den altanatolischen Kult der Muttergöttin zurück. Das Kultstandbild, das große Ähnlichkeit zu Kybele, der Artemis von Ephesos und Perge aufweist, symbolisiert die Fruchtbarkeit. Die kaiserzeitlichen Münzbilder der Stadt zeigen uns das altertümliche Kultbild, das wohl aus Holz bestand und dessen Typus vor allem in Westanatolien verbreitet war. Die Gottheit steht mit geschlossenen Beinen da und streckt ihre Unterarme vor. Bekleidet ist sie mit einem Polos oder einer Mauerkrone und Schleiermantel. Der lange Chiton wird von einem weiteren röhren- oder schürzenartigen Kleidungsstück mit reichen Zierelementen überdeckt.

130 m östlich des Tempels befindet sich ein monumentaler Eingang. Dieses als «Tetrapylon» (Abb. 49. 50) bezeichnete Bauwerk wurde im Jahre 1990 restauriert. Man nimmt an, daß es sich bei diesem Bau, der eine interessante Architektur und auffällige architektonische Verzierungen aufweist, um den östlichen Eingang in das Temenos (heiliger Bezirk) handelte. Der Bau liegt an einer in Nord-Süd-Richtung verlaufenden Straße.

In der antiken Stadt Aphrodisias sind südlich des Tempels das Odeion und die Agora (Abb. 52) in recht gutem Zustand erhalten. Noch weiter südlich befinden sich das Bad des Hadrian und die Portikus des Tiberius. Das in den Osthang des Pekmeztepe hineingebaute Theater gehört zu den besterhaltenen Theatern der Region. Ein ebenfalls gut erhaltener, frei zugänglicher Bau, der durch seine Ausmaße beeindruckt, ist das im Nordwesten liegende Stadion. Mit einer Länge von 262 m und einer Breite von 59 m faßte es ungefähr 30000 Zuschauer.

Abb. 51   Aphrodisias, Blick vom Akropolishügel nach Norden über die Agorabereiche zum Aphroditetempel.

Abb. 52   Aphrodisias, der durch vier Säulenhallen gerahmte Platz, das Tetrastoon, mit seinem zentralen Brunnen.

Abb. 53   Aphrodisias, die gut erhaltenen Säulen und Pfeiler des Kaisersaales gehören zu den noch nicht vollständig ausgegrabenen Theaterthermen.

Euromos *Am Heiligtum des Zeus Lepsinos*

von Mustafa Büyükkolanci / übersetzt von Heide Uzunoğlu

Auf der Autostraße Söke-Milas liegt 12 km von dem Bafa-See entfernt in der Ebene die Stadt Euromos. Das wichtigste Bauwerk ist der an einem Hang gelegene Zeus-Tempel, der von der Straße aus leicht gesehen werden kann. Die Gründung der von einer hellenistischen Mauer umschlossenen Stadt dürfte recht weit zurückliegen. In hellenistischer und römischer Zeit hat sich die Stadt vergrößert und weiterentwickelt; deutlich läßt sich erkennen, wo sich Theater, Agora, Stoa, ein römisches Bad und die Nekropole befunden haben.

Der wichtigste und besterhaltene Bau von Euromos ist der außerhalb der Stadt gelegene, dem Zeus Lepsinos geweihte Tempel. Dieser Kult, bei dem es sich um die Verehrung einer altanatolischen Gottheit handelt, muß seit alter Zeit hier heimisch gewesen sein. Auch in diesem Falle vermitteln die Stadtmünzen ein ungefähres Bild vom Aussehen des Kultbildes. Es ist wiederum der charakteristische, hauptsächlich in Westanatolien vorkommende Typ der wohl unterlebensgroßen Statue einer mit geschlossenen Beinen stehenden Gottheit, die geradezu in das reich gegliederte Obergewand eingezwängt zu sein scheint. Der bärtige langhaarige Gott hält in den Händen der seitlich ausgestreckten Arme eine Doppelaxt und eine Lanze. Die bei den Grabungen zutage gekommenen Fundstücke aus archaischer Zeit belegen, daß sich an der Stelle dieses Tempels ein noch älterer befunden hatte. Der Tempel des Zeus Lepsinos, dessen Reste wir jetzt noch sehen können, wurde zur Zeit Kaiser Hadrians (117–138 n. Chr.) errichtet. Von diesem Peripteros in korinthischer Ordnung mit 6 x 11 Säulen stehen heute noch insgesamt 16 Säulen mit ihren Architraven. Bei mehreren Säulen sind die Kanneluren nicht ausgearbeitet; das läßt sich wohl so erklären, daß die Ausschmückung des Tempels nie vollendet worden ist. Aus den auf den Säulen angebrachten Inschriften geht hervor, daß sie von verschiedenen Personen gestiftet worden sind. Fünf wurden von dem Physiker und öffentlichen Bediensteten Menekrates und dessen Tochter Tryphaina, sieben von einem anderen öffentlichen Bediensteten mit Namen Leo Quintus in Auftrag gegeben.

Während der Jahre 1969–1971 wurden innerhalb des Tempelbezirks Grabungen und Restaurierungen von Prof. Dr. Ü. Serdaroğlu und seinem Team durchgeführt. Dabei wurden die Fundamente des vor dem Tempel gelegenen Altares und der Platz der Kultstatue in der Cella gereinigt, restauriert und für den Betrachter kenntlich gemacht.

Abb. 54   Camilla Daxner, Eitempera 30 x 40 cm. Euromos, Tempel des Zeus Lepsinos; Mai 1997. Besitz der Künstler.

Abb. 55   Euromos, Blick auf die Kapitelle und das Gebälk des Zeustempels.

Lykien

«Heroische Landschaft» – Lykien im Blickwinkel von Künstlern und Altertumswissenschaftlern

von Jürgen Borchhardt

Lykien ist ein Land von einzigartiger Schönheit, in vielem immer noch ein Paradiesgarten. Das atemberaubende Auf und Ab von Flach- und Steilküste, die zahlreichen türkis-blauen Buchten mit ihrer vorgelagerten Inselwelt, den Gegensatz von behäbiger Schwemmebene und bizarrer Bergkette, alles das erfaßt das Auge in einem, ohne daß der Besucher das Land erst durchmessen müßte. Die bis zu 3000 m hohen Taurusberge beherrschen den Horizont und geben dem Land Geschlossenheit. Da sind das Kragos- und Antikragos-Gebirge über der Westküste, der Masikytos – hoch über Tlos, der Susuz-Dağ – der Wasserlose, der Zentrallykien zur Milyas hin abschließt, und der die Ost-Küste beherrschende, schon von Finike aus zu sehende Solyma/Tahtalı-Dağ mitsamt seinen terrassenförmig zum Meer abfallenden Geländestufen. Der zerklüftete und geborstene Kalkstein, der in frischem Zustand eigentlich strahlend weiß ist, sich später golden verfärbt, um dann, ständig bedrängt durch die Verwitterung, grau zu werden, ist durchsetzt von feingemahlener rostbrauner Erde. Die zerbröselnden Oberflächen wirken nur scheinbar hinfällig, sind in Wirklichkeit vital und geben einer struppigen und widerstandsfähigen Vegetation Halt und Nahrung. Die stetig voranschreitende Küstenabsenkung und die Flüsse, die Geröll vor sich her schieben und aufschütten, bilden darüber hinaus in den Ebenen «Tote Meere», deren landschaftlicher Reiz kaum in Worte zu fassen ist. Diese einmalige Naturkulisse beherbergt eine ungemein vielfältige Pflanzen- und Tierwelt. Libanonzeder, Steineiche und Palme gedeihen in Sichtweite voneinander. Landschildkröten kreuzen den Weg, Wasserschildkröten unvermutet die Bahn des Schwimmers. Im Aufwind der Berghänge kreisen Adler, und Eisvögel tauchen ohne Vorwarnung wie Tiefflieger auf und stürzen sich mit blau schillerndem Gefieder pfeilschnell in die klaren Fluten der Fluß- und Bachläufe, ohne indes die mit großen Augen kritisch dreinblickenden violetten Taschenkrebse beeindrucken zu können. Das Wasser, das daneben aus zahllosen Quellen sprudelt, ist von einem solchen Wohlgeschmack, daß man sich daran betrinken möchte. Im September ist die Luft erfüllt vom Stimmengewirr der «Bienenfresser», die den Vergleich mit den Paradiesvögeln nicht zu scheuen brauchen. Wo sonst kann man hochbeiniges Schwarzwild erleben, das ebenso zügig wie elegant die steilen Bergwände erklimmt, und wo sonst begegnet der Ausgräber so häufig schön gefärbten, leider aber auch unbarmherzig verfolgten Schlangen und blassen, äußerst wehrhaften Skorpionen? Ob diese paradiesische Umwelt erhalten bleiben kann, ist eher zweifelhaft, und die Zukunft muß erweisen, ob dem ständig um sich greifenden Vorteilsdenken der unterschiedlichsten Interessensgruppen ein ernst zu nehmender Widerpart erwächst.

Was den natürlichen Reiz dieser Landschaft in eine andere Dimension versetzt,

«Heroische Landschaft» – Lykien im Blickwinkel von Künstlern und Altertumswissenschaftlern

ist ihre jahrtausendealte Begegnung mit den Menschen, die hier eindrangen, immer wieder um die Vorherrschaft stritten, diese gewannen und wieder verloren, sich niederließen und schließlich ihre Vorstellungen von Kultur zu verwirklichen suchten. Lassen wir uns vom Mythos vereinnahmen, dann müssen allerdings Kulturbringer schon seit Bellerophons Zeiten ihr Scheitern eingestehen. Der korinthische Held, für die Lykier ein «Nationalheros», ist von göttlicher Abstammung und wird zu Unrecht beschuldigt, der

Auf den vorhergehenden Seiten:

Abb. 56   Camilla Daxner, Aquarell 38,3 x 38 cm. Limyra, Feldgräber der Nekropole V östlich der Stadt; September 1992. Privatbesitz.

Abb. 57   Camilla Daxner, Eitempera 26 x 31,5 cm. Sonnenaufgang in der Bucht von Finike vor der beeindruckenden Kette der Taurusberge. Hier münden die vereinigten Flüsse Arykandos und Limyros in das Meer; September 1992. Privatbesitz.

Abb. 58   Arykanda, Blick auf die Hauptthermen der 1200 m hochgelegenen Stadt mit weiten Fenstern, die den Blick auf die Schluchten des Taurus eröffnen.

Gattin des Proitos, König in Tiryns, einen unziemlichen Antrag gemacht zu haben. Dieser entsendet ihn nach Lykien zu seinem Schwiegervater Iobates mit einem Brief des Inhalts, den Überbringer kurzerhand umzubringen. In der Hoffnung, daß sich die Sache von selbst erledigen würde, stellt der lykische König dem Helden drei schwere, scheinbar unerfüllbare Aufgaben, irrt sich dabei aber gründlich. Es gelingt Bellerophon tatsächlich vom Rücken des geflügelten Pferdes Pegasos aus, erfolgreich sowohl die streitbaren Solymer als auch die Amazonen zu bekämpfen. Sogar die feuerspeiende Chimaira bezwingt er, deren Pesthauch dem Land große Beschwernisse bereitet hatte. Nachdem er auch noch einen Hinterhalt der kampfkräftigsten Lykier überlebt, resigniert Iobates vor den übernatürlichen Kräften des Heros, gibt ihm die Hand seiner Tochter und sein halbes Königreich. Dieser positiv anmutende Ausgang der Geschichte ist angesichts des Endes aber nur ein Scheinerfolg. Der Mythos kennt mehrere Versionen. Eine, die des Homer, besagt, er habe sich den Haß der Götter zugezogen und sei schließlich bewußtseinsgestört ziellos auf den Aleïschen Feldern umhergezogen. Den Verdacht, der Hybris erlegen zu sein wie bei Pindar oder den Argwohn, gar die Existenz der

Götter bezweifelt zu haben wie bei Euripides, ziehen solche «Kulturbringer» unweigerlich auf sich, wenn sie so vermessen sind, sich auf den Pegasos zu schwingen, um ewige Antworten im Olymp zu erzwingen. Es ist davon auszugehen, daß diesem Mythos ein historischer Kern innewohnt und sich hierin in irgendeiner Form das frühe griechische Bemühen um Einflußnahme auf der lykischen Halbinsel widerspiegelt. Auch wir, die wir einmal idealistisch angetreten sind, von außen ein neues Bewußtsein für die so großartigen Denkmäler der Region in dieses Land hineinzutragen und für einen verantwortungsvollen Umgang mit diesem Weltkulturerbe zu werben, sehen uns angesichts einer um sich greifenden Zerstörung vieler Kulturmonumente in mancher Hinsicht gescheitert, blicken aber gleichwohl optimistisch in die Zukunft und setzen hoffnungsvoll auf ein neues Denken.

Antike Bauten, Bauensembles oder antike Felsfassaden-Gräber, Sarkophage und Säulen im landschaftlichen Kontext spielen im Œuvre von Camilla und Siegmund Daxner eine beträchtliche Rolle. Ist das Wechselspiel von Licht und Farben, wie es beispielsweise auf einem Bild mit dem Kap Gelidonya sichtbar wird, nur reine Landschaftsdarstellung oder schon heroische Landschaft? Diese nämlich entsteht erst im Kopf des Betrachters, der weiß, daß den Bergkonturen des Taurus im Westen der Tahtalı-Dağ folgt, der antike Solyma, zu dessen Füßen Bellerophon die Chimaira erschlagen mußte. Die Menschengruppe am Strand von Olympos (Abb. 86) wirkt verloren, aber sie fürchtet sich nicht wirklich vor dem Ungeheuer, das sie vielleicht gar nicht mal kennt und das sich gleichwohl tiefrot aus dem Wasser bei Çıralı und am Yanar Taş erhebt, Feuer speit gegen den auf dem Flügelroß Pegasos aus dem Himmel niederstoßenden Ritter Bellerophon. Im wissenschaftlichen Diskurs der Kunstgeschichte kennt man die «Heroische Landschaft» seit Roger de Piles, *Cours de peinture par principes* (1708) als Gegensatz zwischen dem erhabenen heroischen Modus und dem auf Einfachheit und Natur zielenden pastoralen Modus. Das hat zu folgender Definition geführt: «‹Le stile Heroïgue› ist eine Zusammensetzung solcher Vorwürfe, die in ihrer Art alles dasjenige von der Kunst und Natur entlehnen, was sie beides Großes und Außerordentliches hervorbringen. Seine Lagen sind vollkommen angenehm und ganz erstaunend.» Gombrich erkennt dieses Zweierlei noch in Beethovens Symphonien Eroica und Pastorale. Als Musterbeispiel einer heroischen Landschaft gilt das Ölgemälde im Städelschen Kunstinstitut Frankfurt «Landschaft mit Pyramus und Thisbe» von Nicolas Poussin 1651. In der nächtlichen von Blitzen erhellten Landschaft entsprechen die vom Sturm gepeitschten Bäume der Erregung der Menschen auf der Flucht und dem tragischen Tod der Liebenden im Vordergrund. Betrachtet man die Werke der Künstler Camilla und Siegmund Daxner, so wird man den Modus nicht gerade als «heroisch» charakterisieren können. Die Bilder zitieren weder Heroen und Heroinen, noch werden Mythen in der Troas, in Ionien, Karien oder Lykien auch nur ansatzweise erkennbar. Am ehesten lassen sich die Ruhe und die Anordnung von Tieren innerhalb der Ruinen noch mit den Idealvorstellungen pastoraler Landschaften vergleichen.

Doch wollen wir dem Versuch, zu kategorisieren, nicht allzu sehr erliegen. Es gibt strenge Farben und Formen, wo das Blau des Meeres, d. h. die Natur die Ruinen zurückfordert oder das Naturschauspiel der untergehenden Sonne über der Scaenae Frons des Theaters von Arykanda (Abb. 73) den Sieg der Natur über den Menschen symbolisieren kann. Eine in den roten Morgenhimmel hineinragende ionische Säule mag die Bedrohung durch die Umwelt, z.B. den bis in

die Morgenstunden dauernden Brand des Heroon-Depots im Limyra des Jahres 1990 symbolisieren. Eine verhängnisvolle Stimmung liegt auch über den hellen antiken Spolien auf der Grabungsinsel vor dem dunklen Horizont über dem angeflammten Himmel.

Seit den Tiefenwirkungen des Werks von Johann Jakob Bachofen über das Mutterrecht gibt es über der lykischen Halbinsel mit seinen materiellen Hinterlassenschaften der Architektur und Kunst von der Archaik, über die Klassik bis zu Alexander dem Großen, den Ptolemäern und den römischen Caesaren ein mythisches Lykien, das dem Feminismus als historischer Beweis für eine gerechtere Welt gilt. Wohl zeigen lykische Bankettszenen im Gegensatz zu griechischen Darstellungen auch Frauen und Kinder, die Realität matriarchalischer Gesellschaftsstrukturen läßt sich damit allerdings noch nicht erweisen.

Geheime rätselvolle Kräfte verbinden die Forscher mit den Objekten ihres Erkenntniswillens. Europäische Gelehrte öffneten den Zugang zu einem Verständnis dieses Ethnos auf der südwestlichen Halbinsel. Einer von Tragik umwitterten Forscherpersönlichkeit wie dem Posener Entdecker des Heroons von Trysa, Julius August Schönborn, war es nicht vergönnt, das Bilderbuch homerischer Mythen für die preußischen Museen zu erwerben. Tragikomisch muten die vergeblichen Bemühungen des Kunsthistorischen Museums und des Instituts für Klassische Archäologie der Universität in Wien durch Generationen seit 1889 an, diesen 211 m langen Fries, den ein lykischer Fürst gleichnishaft an der Umfassungsmauer seines fürstlichen Heroons anbringen ließ, der Öffentlichkeit zu präsentieren, um in argumentativer Mythenrezeption die folgenden Generationen zu beschwören, heroisch wie Theseus bei der Einigung Attikas für einen lykischen Bund zu kämpfen, standhaft wie Odysseus und Telemachos das ererbte Fürstentum zu verteidigen und tugendhaft wie einst Penelope allen Anbiederungen zu trotzen und gleichzeitig jagdbegeistert zu sein wie Atalante bei der Kalydonischen Keilerjagd. Die Entdeckungen im 19. Jh., die Franzosen, Engländern, Deutschen und Österreichern gelangen, führten in der heute sehr umstrittenen Konsequenz einer imperialistischen Kulturpolitik dazu, daß bedeutende lykische Kulturmonumente Eigentum einzelner europäischer Großmächte wurden. Das Harpyien-Monument, die Friese und die Bauskulptur des Nereiden-Monuments oder der Sarkophag des *pajawa* aus Xanthos befinden sich seit dem 19. Jh. im Besitz

des Britischen Museums in London. Die Friese des Heroons von Trysa gehören zum Bestand des Kunsthistorischen Museums in Wien.

Die «International Community of Sciences» des 20. Jhs. wird von Franzosen, Amerikanern, Deutschen, Österreichern und Türken gebildet. Die Franzosen graben in Xanthos und im Letoon, die Amerikaner im nördlichen Hochland um Elmalı in der antiken Milyas. Den Deutschen gestattete man zunächst Survey-Untersuchungen in Myra, vertraute ihnen sodann Ausgrabungen in Limyra an, die später von den Österreichern fortgesetzt wurden, als der Ausgräber auf den Lehrstuhl für Klassische Archäologie nach Wien berufen wurde. Kyaneai und das umgebende zentrallykische Hochland sind die Domäne einer Forschergruppe der Universität Tübingen. Relativ spät und erst nach Abbau nationaler Vorurteile begann auch die türkische Forschung mit Untersuchungen, obwohl das Interesse an dem lykischen Kulturerbe durch die Dissertation von Ekrem Akurgal vor dem Zweiten Weltkrieg längst geweckt war. So kann es kein Zufall sein, daß Cevdet Bayburtluoğlu, ein Schüler Akurgals, mit den Ausgrabungen in Phaselis und Arykanda aktiv in die Lykien-Forschung eingriff. Erfreulicherweise erfahren diese Forschungen heute Weiterungen durch die Neue Universität in Antalya mit ihrem besonderen Interesse an den Sprachdenkmälern. Ausgrabungen in Patara und Surveys in Tlos sorgen für Diversifizierung der türkischen Altertumswissenschaften. Der glückliche Fund des Meilensteins in Patara aus der Periode der Angliederung Lykiens an die schon bestehende Provinz Pamphylia erlaubt es nun, die bislang fehlenden lykischen Ortsnamen für ca. 30 Siedlungen zu identifizieren, da die gründliche römische Verwaltung durch eine Neuvermessung exakte Daten zu den Entfernungsangaben im Verkehrs- und Straßennetz überliefert hat. Als tragisch darf auch bezeichnet werden, daß es einem der besten Kenner Lykiens, dem Österreicher Franz Joseph Tritsch, der in Birmingham eine Professur innehatte, nicht vergönnt war, durch ein größeres Werk einen angemessenen Platz in der Forschungsgeschichte zu erzielen. Unvergeßlich bleiben mir drei Tage und Nächte in Istanbul, in denen wir ausschließlich über die Herkunft und Genese, über Geschichte und Religion, Heroen und Mythen im weiten Land der Lykier disputierten. Unmöglich kann es richtig sein, was böse Zungen behaupten, daß er das Buch nicht vollendet habe, weil er sich über die schlechte Bezahlung des Lehrstuhls geärgert habe.

Telmessos/ telebehi/ Fethiye

Geburtsort des Sehers Alexanders des Großen

von Jürgen Borchhardt

Seit 1776 der französische Graf Choiseul-Gouffier im Golf von Makri, im heutigen Fethiye, die antiken Ruinen von Telmessos entdeckt hatte, hat die Faszination, die von diesem Ort ausgeht, nicht nachgelassen. Die aus dem Felsen geschlagenen hohen Fassaden tempelartiger Gräber harren noch immer einer eingehenden Untersuchung.

Ein Treppenweg führt zu dem sog. Amyntas-Grab hinauf, das im gleichen Typus gearbeitet ist wie die beiden Grabfassaden im Bild (Abb. 59). Umstritten ist, ob diese Aufrisse eine Tempelarchitektur, z. B. einen Distylos in antis, oder einen profanen Bau wie z. B. ein Banketthaus, wie es in Labraunda überliefert ist, nachahmen. Favorisiert man eine sakrale Deutung, könnte man von der erfolgten Apotheose, also von der Vergöttlichung des Verstorbenen ausgehen. Erkennt man das Vorbild in den sog. Andrones, den repräsentativsten Räumlichkeiten des griechischen Hauses, so darf eine soziologische Deutung vielleicht der Wahrheit am nächsten kommen. Die Erbauer wollten als Stifter verstanden werden, d. h. als Stadtheroen. Die lykischen Grabfassaden mit ihren von Rundhölzern getragenen Flachdächern und Querbalken, deren Enden schlittenkufenartig aufgebogen sind, lassen sich auf klassische einheimische Holzbauten zurückführen, in denen die Hausherren zu Lebzeiten mit ihren Familien wohnten und ihre Gäste empfingen und sich wünschten, am Tisch wiederum mit Frau und Kindern vereint zu sein. Auch die Datierung dieser ionischen Felsfassadengräber, die im Gegensatz zu den klassisch-lykischen Felsgräbern durch tiefe Unterhöhlung den Anschein freistehender Architektur erwecken wollen, ist ungewiß. Gehören sie noch in die Zeit der Herrschaft lykischer Könige wie Arbinas, der sich rühmte, «in einem Monat drei Städte, Xanthos, Pinara und das mit guten Häfen ausgestattete Telmessos» zerstört zu haben? Dieser war als Enkel des Harpagos und Sohn des χeriga wohl Mitglied der Dynastie der Harpagiden aus Phellos in Zentrallykien, wie die Aufzählung der eroberten Städte in Westlykien klar zu erkennen gibt. Eine Datierung dieser imposanten Fassaden in die Zeit der karischen Herrschaft zwischen 358–334 v. Chr. würde aber ebenfalls Sinn haben. Es ist nämlich eine auffällige Häufung dieses Typus in Kaunos und im lykisch-karischen Grenzgebiet zwischen dem Köyceğiz-See, dem Dalaman Çay, dem antiken Indus, und dem Golf von Fethiye zu beobachten. Die Grabform wird von Paovo Roos in die Zeit ab der Mitte des 4. Jhs. v. Chr. datiert. Damit scheint vieles für die Feudalwelt des 4. Jhs. v. Chr. zu sprechen, in der nach der Einigung Lykiens durch Perikle und nach dem Satrapenaufstand die Herrschaft der Hekatomniden in Karien und Lykien strenger als früher ausgeübt wurde.

Oder bezeugen sie gar die Herrschaft der Makedonen nach der Eroberung Lykiens durch Alexander den Großen?

Aus Telmessos stammte Aristandros, der in jungen Jahren in die Dienste Phi-

Abb. 59 Camilla Daxner, Aquarell 40 x 30 cm. Telmessos, Blick auf die Felsnekropole; September 1997. Privatbesitz.

Auf den folgenden Seiten:

Abb. 60 Telmessos, Blick von der Akropolis auf die Steilwand mit den Felsgräbern.

lipps II. am makedonischen Hofe getreten war und Alexander dem Großen als oberster Seher auf seinem Asienfeldzug gedient hatte mit erfolgreichen Weissagungen und Traumdeutungen in der Troas, vor Halikarnassos, bei Tyros, Gaza sowie vor der Schlacht bei Gaugamela, am Tigris und in Sogdiane. Auch bei der Gründung von Alexandria hatte «Aristandros aus Telmessos, der, wie es heißt, Alexander auch sonst viele wahre Zukunftsdeutungen gab», eine bedeutende Rolle gespielt, so jedenfalls lesen wir bei Arrianos, dem griechischen Geschichtsschreiber aus Nikomedia. Schon Meles, König von Sardes, hatte auf die Weissagung der Telmessier vertraut, und noch Kroisos konsultierte das Orakel von Telmessos vor seiner Niederlage gegen Kyros. Der Orakelspruch zu den beunruhigenden Zeichen vor der Stadt – Pferde fraßen Schlangen – lautete noch vor dem Untergang des lydischen Reiches: «Ein fremdes Heer sei im Anzuge gegen Kroisos' Land und werde die Bewohner des Landes vertilgen, denn die Schlange sei ein Kind der Heimaterde, das Roß sei etwas Feindliches und nicht Einheimisches». Nach dem Sturz des Kroisos marschierte der medische General Harpagos von Telmessos aus in das Xanthos-Tal und unterwarf Lykien der achaimenidischen Krone. Im 5. Jh. v. Chr. gelang es dem Strategen Kimon, die Stadt dem attischen Reiche als Tribut zahlendes Mitglied einzugliedern. Nach 429 v. Chr., dem Sieg der Koalition der zentral- und ostlykischen Dynasten über den attischen Strategen Melesandros, dient sie *χerêi* als Prägeort wie auch Xanthos und Tlos.

Um 400 v. Chr. wird die Stadt von Arbinas, dem Sohn des *χeriga*, erobert und ebenfalls als Münzprägestätte benutzt. Die Koalition scheint unter Perikle ihr Ende gefunden zu haben, denn der erobert Telmessos, nachdem er zuvor in einer Feldschlacht den in Telmessos, Tlos und Pinara münzenden Artum̃para besiegt

hatte. Die Herrschaft der Hekatomniden wird von Alexander dem Großen abgelöst, der die Stadt durch Vertrag gewinnt und seinen Freund Nearchos nach der Unterwerfung Lykiens zum Satrapen bestimmt. Schaut man von der Burg auf den Hafen, dann könnte man mit viel Phantasie Nearchos hier einlaufen sehen, erwartet von seinem alten, aber rebellischen Freund Antipatrides. Der listige Kreter bittet um Bewachung von Gefangenen und Musikantinnen. Da öffnen die Gefangenen die mitgeführten Boxen für die Musikinstrumente und entnehmen ihnen Schwerter und Schilde. Durch diese List fällt die Stadt. 279 v. Chr. konnten die Stadtväter verhindern, daß Polis und Chora von der Regierung Ptolemaios II. als Geschenk an einen Unbekannten vergeben wurden, der sich Verdienste um den ägyptischen Hof erworben hatte. 240 v. Chr., unter Ptolemaios III., erhielt Ptolemaios, Sohn des thrakischen Königs Lysimachos und Arsinoe II. die Stadt, die durch gewährte Steuererleichterungen im Besitz der Familie blieb, bis 197 v. Chr. der Seleukide Antiochos III. Telmessos eroberte. Im Frieden von Apamea 188 v. Chr. wird die Stadt von den siegreichen Römern den Pergamenern, d. h. Eumenes II., zugeschlagen. Erst nach Auflösung des attalidischen Königreiches 133 v. Chr. wurde Telmessos Mitglied des lykischen Bundesstaates.

Wer dieses alte Telmessos von der Küste in das Landesinnere verlegen möchte, der mißversteht diesen heiligen Orakelort in seiner Bedeutung zwischen Karien und Lykien und seiner idealen strategischen Lage gegenüber von Rhodos. Die großartige von K. Buschmann entdeckte Festung bei Hızırlık mit ihren z. T. 2,85 m starken Mauern, pfeilerartigen Kenotaphia vor dem Nordtor und einigen Felsgräbern sowie einer gewaltigen Kaserne ist von einem Herrscher angelegt worden, der die Straße von Telmessos in das Xan-

thos-Tal und damit den einzigen Weg für eine feindliche Armee schützen wollte; eine echte Garnison, die von einem strategisch denkenden Kopf wie Mithrapata, Perikle oder Arbinas an der richtigen Stelle plaziert worden ist, um gleichzeitig auch den Weg über die Berge nach Pinara zu kontrollieren. Möglicherweise läßt sich der Ort sogar mit der Kome Kardakon identifizieren, einer von Antiochos III. 197 v. Chr. eingerichteten Militärkolonie, die 188 v. Chr. mit Telmessos an Pergamon fiel. Dem Charakter einer Garnisonstadt möchte man hier wie in Pinara und in Köybaşı, dem antiken Tymnessos/*tuminehi*, die wie Bienenwaben aus dem Felsen geschlagenen Grabhöhlen jeweils unter der Zitadelle zuweisen. Kündet diese militärische Schlichtheit von iranischen Söldnern, deren Knochen hier bestattet wurden, nachdem ihre Leichen in sog. Türmen des Schweigens zur Dekomposition durch Vögel und Witterung ausgesetzt waren?

In *telebehi*/Telmessos hat *χerêi* eine Münzstätte eingerichtet. Die Stadt selbst setzt auf ihre Münzen die Bildnisse von Malija/Athena und Herakles. Unverständlich erscheint mir heute, warum der Comte de Choiseul-Gouffier zwar die großen Tempelgräber und das Theater, das vollständig in einem barbarischen Akt nach 1957 im Rahmen von Wiederaufbauprogrammen nach einer Zerstörung durch ein Erdbeben in den neuen Kaimauern aufging, zeichnen ließ, nicht aber den Reliefsarkophag, der im 19. Jh. noch im Hafenbecken stand. Er kann sich rühmen, auf seinem Deckel eine der ganz seltenen Architekturdarstellungen der Klassik zu tragen.

Im Golf von Makri hielt Konteradmiral Wilhelm Freiherr von Tegetthoff Schießübungen ab, unmittelbar vor der berühmten von den Künstlern C. F. Sørensen und A. Romako verewigten Seeschlacht von Lissa/Vis an der dalmatinischen Küste am 20. Juli 1866.

Tlos/ tlawa/ Düver

Die Phantasien des Richard Dadd

von Jürgen Borchhardt

Um die krankhaft anmutende Lykophilie mancher Forscher besser verstehen zu lernen, sollte einem nach Möglichkeit einmal der Blick auf das Aquarell (25,4 x 40,6 cm) des Engländers Richard Dadd mit dem Titel «View of the ancient City of Tlos in Lycia a Province of Asia Minor» vergönnt sein. Das Bild wird heute in Leeds (West Yorkshire) in der Leeds City Art Gallery aufbewahrt. Der Künstler besuchte 1842 mit seinem Gönner Sir Thomas Philipps auf einer Reise durch den Vorderen Orient auch das «weite Land der Lykier». Auf der Rückseite notiert der geisteskranke, in einem Heim arbeitende Maler 1883: « The foreground purely fanciful and / much of the middle distance. Mt. Grangus (? Cragus) is to the left / at the top of the drawing. The Columns towards the left / and bottom are part of a Greek Public building probably / a Stadium or Paloestra (? Palaestra) and the building in the centre / of the drawing is supposed Roman – the sketch made / about 1842». Das ionische Kapitell könnte vom Nereiden-Monument aus Xanthos stammen, das Relief mit Herakles im Löwenkampf rechts von einem Gorgoneion könnte ein römisches Sarkophag-Relief wiedergeben. Sicherlich von einem römischen Klinen-Sarkophag stammt das Bruchstück einer gelagerten Gewandfigur mit aufrechtem Oberkörper. Von den beiden Reliefs scheint eines von der Reiterattacke des Pajawa-Sarkophages angeregt worden zu sein. Sowohl diese Kunstwerke als auch die Figuren in den türkischen Häusern von Düver mit ihren Kaminen, die einheimischen Yürüken als auch die vornehme Gesellschaft zu Pferde, die an Renaissancevorbilder erinnert, sind in eine traumverlorene mystische Begegnung von Abend- und Morgenland dieses paranoiden Miniaturmalers getaucht, der im Wahn seinen Vater für den Teufel hielt und ihn erstach. So wie Richard Dadd eine europäische Reisegesellschaft nach Renaissancevorbild durch die Ruinen von Tlos reiten läßt, kann der Reisende von der Höhe des Burgberges, der noch im 19. Jhs. dem Räuberhauptmann Kanlı Ali Ağa als Adlerhorst unter dem Gipfel des Masikytos diente, Personen und Heere zu seinen Füßen am silbrigen Band des Xanthos erkennen: hethitische Heere ziehen von hier von Dalawa (lykisch *tlawa*) nach *arñna*, nach Xanthos, um das Lukkaland dem Reich zu erhalten. Später, um 540 v. Chr., ist es das iranische Heer, unter dem medischen General Harpagos, dem Feldherrn des Perserkönigs Kyros, das hier mit seinen Verbündeten aufmarschiert. Aus vielerlei Gründen ist anzunehmen, daß im 4. Jh. v. Chr. bei Tlos

Abb. 61   Siegmund Daxner, Kohlestift auf getöntem Papier 12 x 17,2 cm. Tlos, Blick auf das Theater; September 1996. Besitz der Künstler.

Abb. 62   Tlos, Blick vom östlichen, mit Baumwolle bepflanzten Ufer des Eşen-Çay, dem antiken Xanthos, auf den bräunlich schimmernden Burgberg von Tlos unterhalb des Ak-Dağ, des antiken Masikytos.

63

die entscheidende Schlacht zwischen Perikle von Zêmuri und Artum̃para um West-Lykien stattfand. Im römischen Theater von Tlos (Abb. 61) sind Blöcke als Spolien wiederverwendet worden, die als Basis für Bronzestatuen gedient hatten: Porpax und Tiseusembra (lykisch *tikeukepre*). Diese vornehme Familie der Stadt Tlos konnte es sich leisten, vermutlich zur Zeit der Herrschaft der Hekatomniden, den attischen Künstler Theodoros mit der Herstellung der Porträtstatuen zu beauftragen. Als Nachfolgerin der *tikeukepre* residiert hier im Rahmen eines Fieldsurvey-Programms heute Frau Prof. Havva Işkan von der Akdeniz Universität in Antalya, die Leiterin des Likya Uygarlıkları Araştırma Merkezi.

Neben Alexander reitet der greise Aristandros und klärt ihn auf über die Gebräuche seiner Heimat. In Xanthos wird dem großen Makedonen die Weltherrschaft vorherbestimmt, im Osten bei Phaselis ereignet sich das berühmte Meerwunder. Jetzt tauchen auch wilde Kerle auf, wie man sie von pergamenischen Siegesdenkmälern kennt, Agrianen und Galater mit gipsverschmierten Haaren. Am Beginn des 3. Jhs. v. Chr. werden sie aber bald von der ptolemäischen Armee unter ihrem Strategen Neoptolemos, Sohn des Kressios, geschlagen. Die Stadtväter von Tlos werden ihm aus diesem Grunde eine Ehrenstatue aus Bronze errichten mit einer Inschrift auf der Basis, die uns Stephanus von Byzanz überliefert hat. Einen großen Höhepunkt seines Lebens konnte dieser Pisider aus dem Taurus hier feiern, der sich innerhalb der ägyptischen Armee hochgedient und später als Vorstand des Alexander-Kultes in Alexandria seine Karriere beendet hatte.

In Tlos kann man dem Heros der Lykier Bellerophon auf seinem Pegasos mehrfach begegnen: Auf der linken Wand der Vorhalle des tempelförmigen Felsgrabes unterhalb der Burg und in den Inschriften, die uns mitteilen, daß die Demen nach dem Heroen Bellerophon, seinem Enkel Sarpedon und seinem Schwiegervater Iobates benannt wurden.

Wenn man nachts unter dem schneebedeckten Götterberg Masikytos sitzt und vertraut ist mit dem Mythos, dann weiß man, daß hier Bellerophon den Lohn für seine Heldentaten erhielt, die Hälfte des Königreiches des Iobates und die Hand einer seiner Töchter, aber auch die Strafe für seine Hybris, dann bedarf es keiner attischen Theatermaschine mehr wie in der Antike, um den Vorgang anschaulich werden zu lassen. Aus Tiryns kommend hielt der Held, als er vom Rücken des geflügelten Pferdes Pegasos stieg, um seine Rolle als Initiator eines Akkulturationsprozesses zu spielen, die unheilvollen Zeilen in der Hand mit der Weisung, den Überbringer zu töten. Pegasos ist es erlaubt, den Ak-Dağ hinaufzufliegen zum Olymp, nicht aber dem starken, aber doch tumben Toren, dem Zugereisten. Vom Wahnsinn geschlagen wie Richard Dadd irrt er umher in den Aleïschen Fluren, den Mythos begreifend und die auf Ausgleich und Verschonung ausgerichtete Bühnenfassung des Euripides verwerfend.

Südlich von Tlos befindet sich Arsada, dessen Name sich in dem modernen Arsaköy erhalten hat. Sein Wasserreichtum hat sicherlich auch die Wohnkultur und die Gastfreundschaft beflügelt. Unterhalb des Steilfelsens findet sich der zauberhafte Ort Sakle Keut. Dort tritt der Fluß Manger-Çay nach kilometerlanger Reise durch einen Canyon aus dem Berg, um sich mit dem Eşen-Çay zu vereinigen.

Abb. 63 Camilla Daxner, Eitempera 30 x 40 cm. Tlos, Blick aus den Thermen in das Xanthos-Tal. Besitz der Künstler.

Xanthos/ arñna/ Kınık

Kollektiver Selbstmord, kein neues Phänomen

von Jürgen Borchhardt

Die Augen der Künstler finden mit untrüglicher Sicherheit den Ort des maßgeblichen Staatsmarktes von Xanthos, der unterhalb der Nordmauer der Akropolis von dem berühmten Harpyien-Monument und dem hochgesockelten Sarkophag sowie einem freistehenden Grabhaus gesäumt wurde. Pinsel und Kohlestift geben die Topographie eindrucksvoll wieder (Abb. 64. 65). Hier brachten sich 540 v. Chr. die Xanthier mitsamt ihren Frauen, Kindern und Sklaven um. Sie wollten um keinen Preis in die Hände ihrer Belagerer fallen, die aus den persischen Truppen des medischen Feldherrn Harpagos bestanden, unterstützt durch die zu Hilfsdiensten verpflichteten Kontingente ionischer und aiolischer Soldaten. Anzunehmen ist, daß unter persischer Herrschaft die Stadt schnell ihre alte Bedeutung wiedergewinnen konnte. Iranischen Einfluß zeigt noch das um 480 v. Chr. von ionisch-milesischen Künstlern errichtete Kenotaph für den Truppenführer der Lykier im Heere des Xerxes gegen Griechenland, Kybernis, Sohn des Kossiga.

Die Darstellung gibt den Lykier wieder wie er vor thronenden Gestalten im Diesseits und auch im Jenseits nach Art iranischer Audienzszenen steht. Die Kenotaph-Idee wird sinnvoll durch die Seelen bergenden Sirenen visualisiert. Beziehungsreich ist das Seelenloch an der West-Seite mit der Darstellung einer weiblichen Dreiheit vor den thronenden Göttinnen der Unterwelt Demeter und Persephone bzw. ihren lykischen Entsprechungen angebracht.

Kaum ein Land hat aus Pietät die Zeugnisse der vergangenen Zeiten so geehrt wie Lykien. Über dem römischen Theater und dem noch immer geheimnisvollen Pfeilermonument auf der Agora von Xanthos, dessen originale Reliefs, um

480/479 v. Chr. datiert, sich im Britischen Museum befinden und ursprünglich eine kleine Grabkammer umschlossen, wurde ein weiteres Monument errichtet, das auf Grund der Sarkophag-Form frühestens gegen Ende des 5. Jhs. v. Chr. datiert werden kann. Nehmen wir an, die spätere römische Agora sei als kontinuierlicher Nachfolger des klassischen Staatsmarktes zu bezeichnen, so würden die beiden Denkmäler – nicht als Gräber, sondern als Kenotaphia interpretiert –, Zeugnis für

64

bedeutende Persönlichkeiten der Stadt, die im Ausland gefallen waren und deren Leichname man nicht in die Heimat überführen konnte, ablegen. Halten wir an der Agora-Theorie fest, so ergibt sich für das gewaltigste Sprachdenkmal der lykischen Schriftkultur, den sog. Inschriftenpfeiler an der NO-Ecke der Agora aufgrund der Texte in Lykisch A und B sowie in Griechisch, daß mit diesem Monument Gergis/χeriga vergöttlicht wurde wie andere gewaltige Kriegsherren, wie beispiels-

Abb. 64   Camilla Daxner, Aquarell 28 x 38 cm. Xanthos, Blick auf den Staatsmarkt mit dem Theater und den lykischen Grabmälern; September 1996. Besitz der Künstler.

Abb. 65   Siegmund Daxner, Kohlestift auf getöntem Papier 12 x 17,2 cm. Xanthos, Blick auf den Staatsmarkt mit dem Theater und den lykischen Grabmälern; September 1996. Privatbesitz.

weise Lysandros, der spartanische Sieger des Peloponnesischen Krieges.

Für das ebenfalls am Staatsmarkt errichtete 5,71 m hohe Monument über einem eine Kammer umschließenden Unterbau und einem als obere Grablege dienenden in klassisch-lykischen Formen errichteten Grabhaus wird man eine sepulkrale Deutung favorisieren. Der Grabinhaber dürfte eine berühmte Persönlichkeit gewesen sein, der heroische Ehren zugestanden wurden. Die dreistufige Krepis zitiert vielleicht die Stufenbasis vom Grabmal des Kyros in Pasargadai, der Verzicht auf die Querbalken mit aufgebogenen Enden könnte auf die zweite Herrschaft der Perser im 4. Jh. v. Chr. hinweisen. Der dynastische Friedhof auf der Akropolis über dem Steilhang zum Fluß mit den Heroa F, G und H zeugt ebenfalls von der Herrschaft der Perser.

Die unter attischer Herrschaft stehende Stadt vor der Schlacht am Eurymedon schützt das Territorium durch eine talquerende Mauer im Norden. Eine quadratisch ummauerte Akropolis und ein gewaltiger, vieltoriger die Zitadelle, die Agora und die Wohnsiedlung umfassender Mauerring prägen das Erscheinungsbild dieser im 6. und 5. Jh. v. Chr. bedeutendsten lykischen Stadt. Der ehemalige Palast wird vermutlich zu einem Verwaltungszentrum umgebaut. Die attische Herrschaft endet infolge einer Koalition zentral- und ostlykischer Fürsten und der Vernichtung des attischen Strategen Melesandros in einer Schlacht vermutlich nicht weit entfernt von Xanthos, wie uns Thukydides und der Rechenschaftsbericht auf dem Staatsmarkt bezeugen, in Stein gemeißelt und zu lesen auf dem Kenotaph für χ*eriga* gegenüber dem Harpyien-Monument. Dieses Pfeilermonument für den Sohn des Harpagos von Phellos, das von einer Sitzstatue bekrönt wurde und dessen Seelenkammer die gewaltigen Taten illustrieren, erregt noch heute Aufsehen durch die in lykisch A und lykisch B verfaßten Inschriften sowie durch das griechische Epigramm auf dem geschmückten Pfeiler in situ.

Zwar haben sich von der Zitadelle, die vermutlich eine persische Besatzung beherbergte, keine Spuren nachweisen lassen. Die Präsenz der persischen Verwaltung ist aber hinreichend durch die Münzprägung des lydischen Satrapen und Vizekönigs des achaimenidischen Reiches in Sardes, Tissaphernes, in *arñna*-Xanthos dokumentiert sowie durch die Dominanz in der Ikonographie des Nereiden-Monumentes, das in der Kunstgeschichte der Klassik eine immer wichtigere Rolle spielen wird. Neben dem Erechtheion, dem Athena Nike-Tempel auf der Akropolis von Athen und dem Tempel des Apollon Epikureios in Arkadien auf der Peloponnes in Phigaleia Bassae gehört es nicht nur zu den bedeutendsten Beispielen des internationalen Reichen Stils nach der perikleischen Hochklassik, sondern belegt in sonst kaum nachweisbarer Weise das Phänomen des Stilpluralismus an einem einzigen Bau. Der große Sockelfries dokumentiert mit seinen Kampfgruppen historischer Schlachten klassischen Stil. Der kleine Sockelfries brilliert mit perspektivisch den Hintergrund öffnenden narrativen, zeitgenössischen Ereignisbildern; im Ringhallenfries wird der sog. Gattungsstil, auch ornamentaler Stil genannt, bewußt und kontrastreich zur Ikonographie herrscherlicher Tugend wie die Jagd in Szene gesetzt. Man gewinnt den Eindruck, daß Stilarten für bestimmte Genera gewählt werden bis zum schlichten erhabenen, feierlichen Stil der Repräsentation der fürstlichen Familie im Ostgiebel. Wenn man früher mit einem linearen Kunstverständnis eine längere Bauzeit errechnen mußte, so läßt das Modell des Stilpluralismus zur selben Zeit und am selben Bau natürlich eine kürzere Fertigstellung dieses Meisterwerkes zu, das vermutlich für einen Angehörigen der Dynastie der Harpagiden von einem Architekten entworfen wurde, dem weder das Erechtheion und der Athena Nike-Tempel noch der Bassae-Tempel unbekannt waren. Eine Datierung um 400 v. Chr. wird immer wahrscheinlicher.

Abb. 66 Xanthos, das Harpyien-Monument und lykischer Sarkophag über einem Pfeiler bei Sonnenuntergang über dem Theater.

Die Insel Kekova mit den Orten Simena (Kale-Üçağız) und Teimiousa (Üçağız)

von Jürgen Borchhardt

Bis vor wenigen Jahren galten die von der vorgelagerten Insel Kekova geschützten Buchten als Geheimtyp von Yachtbesitzern, gesäumt von spärlich besiedelten, wahrhaft pittoresken Orten. Die Burg der Kreuzritter von Simena erweckt Erinnerungen an die Zeit der Kreuzzüge.

Aus dem griechischen Tristomo wurde das türkische Üçağız, dessen Besuch sicher einen Höhepunkt der heute reichlich angebotenen Schiffspassagen in den Küstengewässern bei Kekova bildet. Seit 1972 kann man diesen malerischen Ort auch über eine kurvenreiche Asphaltstraße erreichen. Die verwitterten Gemäuer der Antike, die roten Ziegeldächer auf den Behausungen der Dorfbewohner, die Farbenpracht der ausgestellten anatolischen Web- und Knüpfteppiche, die Holzkonstruktionen der Restaurants am Meer und die leise dümpelnden Yachten verbinden sich zu unvergeßlichen Eindrücken, die vom Geruch des «Toten Meeres» überlagert werden.

Am östlichen Eingang der Bucht liegt Simena, eine alt-lykische Stadt mit einer gut erhaltenen Burgmauer des Johanniter-Ordens und einem intimen kleinen, aus dem Felsen geschlagenen, theaterartigen, politischen Versammlungsort. Felsgräber mit lykischen Inschriften in Kyaneai und Simena bezeugen vielleicht, daß der Hafenort im 4. Jh. v. Chr. von Kyaneai aus verwaltet wurde.

Wenn man mit dem Schiff in die Bucht von Üçağız einfährt, zeigt der Geruch an, daß wir es mit der Bildung eines «Toten Meeres» zu tun haben. Dieses Ölüdeniz entsteht durch die Absenkung der ursprünglichen Landmasse als Folge der Plattentektonik, die hier die lykische Küste unerbittlich in das Mittelmeer drückt, ein Phänomen, daß den Ausgräbern in Lykien bestens bekannt ist. An keinem anderen Ort lassen sich jedoch antike Hausanlagen so gut beobachten wie hier an der nördlichen Küste der Insel Kekova, die ihren Namen dem Vorkommen von Schnepfen verdankt. Eine genaue Vermessung der z. T. aus den Felsen geschlagenen Haus- und Treppenanlagen unter Wasser ist eine dringende Aufgabe der künftigen Forschungen in Lykien.

Im 4. Jh. v. Chr. war Teimiousa für die weitreichenden Eroberungspläne des Königs Perikle so wichtig, daß er einen Hafenkommandant hier einsetzte: χluwãnimi. Als Vasall seines Königs legt er in der Datierungsformel Wert auf die Feststellung, daß er sein Grabmal unter der Königsherrschaft des Perikle errichtet hat. Lokalen Charme verbreitet die reliefierte Stele östlich der Felsfassade, die durchaus einen früh verstorbenen Sohn des χluwãnimi verewigen könnte, dargestellt als junger unbekleideter Sportler mit Strigilis und Aryballos, eine heimische Schnepfe zu seinen Füßen. Von der ursprünglichen Wirkung, die von den lykischen Totenstädten in hellenistisch-römischer Zeit ausging, kann man sich in den Nekropolen von Simena und Teimiousa noch immer ein vollkommen unverfälschtes Bild machen, da die Sarkophage nicht einfach weggeschoben sind, wie das beispielsweise aus verkehrstechnischen Gründen in Kaş geschehen ist. Die Inschriften innerhalb der sog. tabula ansata sind heute kaum noch lesbar, sie

Abb. 67   Camilla Daxner, Eitempera 40 x 30 cm. Simena, lykischer Sarkophag in der Nekropole; Mai 1989. Besitz der Künstler.

künden von der Sympolitie von Simena mit Aperlai. Ob Simena eine eigenständige Hafenstadt war oder vielleicht in *tubure*/Tyberissos seinen eigentlichen Binnenort hatte, ist noch zu klären. In Teimiousa bezeugen die in den Grabinschriften angedrohten Bußzahlungen bei Verletzung der Totenruhe jedenfalls, daß es zu Kyaneai gehörte, dessen Hafen es war. Andere Bußzahlungen nach Myra weisen wohl darauf hin, daß Kekova schon in der Zeit der Klassik zu einem Territorium des Herrn von Trysa gehörte, dessen größte Stadt sich im Delta des Myros-Flusses entwickelte.

Abb. 68   Kekova, Blick von der byzantinischen Ruine Tersane, die von den Griechen im 19. Jh. Xera genannt wurde, auf den Nordwesten der Insel Kekova, dahinter das lykische Festland.

Myra

Und der bekannteste Lykier: Der Heilige Nikolaus

von Jürgen Borchhardt

Dort, wo heute die regional berühmten Kamelwettkämpfe stattfinden, habe ich 1965 im Windschatten der damals meterhohen Sanddünen den Lagerplatz für die Myra-Expedition eingerichtet. Dipl.-Ing. Karl Schürer führte die photogrammetrische Vermessung durch, Herrn Dieter Johannes oblag die fotografische Dokumentation. Nach den Arbeiten in den glühendheißen Nekropolen pflegten wir im Meer zu baden, danach zu essen und nach Anbruch der Dunkelheit im VW-Bus die Filme zu entwickeln. Die Glasplatten wurden der Einfachheit halber zum Trocknen in die Ebene gestellt. Eines Tages, als wir gerade wieder in der Flußnekropole arbeiteten, näherte sich uns ein Jeep, dem alsbald schwer bewaffnete Gendarmerie entstieg. Auf der Stelle mußten wir unsere Arbeiten unterbrechen. In Kaş verhörte uns der Kaymakam. Seine Anklage lautete ohne viel Umschweife: «Ihr seid russische Spione!» Vermutlich bezog sich der Distriktsvorsteher dabei auf eine alte, tradierte Klageerhebung, denn 1862/3 hatte der russische Zar Nikolaus I. ohne Genehmigung der Hohen Pforte in Istanbul das Klostergelände aufkaufen lassen und die Kirche des Heiligen Nikolaus durch den Elsässischen Architekten August Salzmann restaurieren lassen. Die Sache ließ sich aufklären und nahm für uns schließlich ein gutes Ende.

Die Untersuchungen des Jahres 1965 galten den beeindruckenden Nekropolen, die schon im 19. Jh. das Interesse einer breit gefächerten Forschung in Lykien auf sich gezogen hatten. Gerade auch wegen der beiden Weltkriege kamen diese fruchtbaren Forschungsarbeiten zum erliegen und konnten erst in den 50er Jahren des gerade zu Ende gegangenen Jahrhunderts wieder aufgenommen werden. Unsere Expedition erfaßte 100 Felsgräber, die sich auf drei Nekropolen verteilen: die West- oder Meernekropole mit den Gräbern 1–47 (Abb. 69), die Südne-

kropole mit den Gräbern 48–59 und die Ost- oder Flußnekropole (Abb. 70) mit den Gräbern 60–100. Ganz überwiegend handelt es sich dabei um Grab-Häuser mit Flach-, Sattel- oder Spitzbogendächern, vereinzelt aber auch um Grab-Tempel. In Myra überraschen die Felsgräber deshalb, weil sie hier am eindrucksvollsten Holzkonstruktionen imitieren. Eine besondere Faszination geht dabei von dem Doppelgrab des *hurttuweti* (Grab 9) aus, das in der dem Meer zugewandten Nekropole die übrigen Felsfassaden überragt. Vermutlich war er der Herr der Stadt im frühen 4. Jh. v. Chr. Über dem Flachdach seiner Grabkammer hat er sich zweimal darstellen lassen, zum einen im Diesseits als Stratege in voller Rüstung und zum anderen im Jenseits, selig als beim Mahle liegender Heros.

Im Herzen des Ensembles von lykischen Felsgräbern innerhalb der Flußne-

Abb. 69 Siegmund Daxner, Kohlestift auf getöntem Papier 17,2 x 12 cm. Myra, Blick westlich am Theater vorbei auf die Meernekropole; September 1996. Besitz der Künstler.

kropole erreicht man über eine Felstreppe das sehr gut erhaltene Grab 81 mit seinen 11 reliefierten Figuren im Vorraum und neben der typisch lykischen Fassade mit den Querbalken, deren Enden aufgebogen sind. Wer sich für die Farbgebung der Antike interessiert, wird hier angesichts der Spuren originaler Bemalung aus der Zeit der Spätklassik voll auf seine Kosten kommen. Besondere Aufmerksamkeit verdienen auch die Gräber 69 im Süden und 96 im Norden. Das Löwengrab, benannt nach dem Löwen im Giebel, der einen Stier reißt und den Löwenköpfen auf den Anten neben der Tür, bezeugt mit seinen Architekturfragmenten, daß hier ein ionischer Peripteros-Tempel intendiert war. Wie beim Nereiden-Monument von Xanthos und beim Heroon von Limyra sind also eindeutig sakrale Bauformen verwendet worden, die nur eine Botschaft verkünden können, ohne als Sakrileg aufgefaßt zu werden: Stifter, Friedhofsbehörde und Polis sprechen dem Verstorbenen über die Heroisierung hinaus den Status der Vergöttlichung zu. Die Ikonographie mit den Rankengöttinnen und dem Totenmahl bestätigen die Deutung. Schmerzlich bewußt wird uns dabei, daß wir den Grabherrn, dem diese außergewöhnliche Ehre zuteil wurde, nicht kennen. Ungewöhnlich ist auch das zerstörte, aber ursprünglich ringsherum frei aus dem Felsen geschlagene Grabmal 96 mit seiner 6 m breiten Front und den Fragmenten einer Prozessionsdarstellung, deren Bewegungsablauf in Richtung Tür erfolgt.

Verwunderlich ist, daß wir bis heute noch immer nicht den lykischen Namen dieser nach Limyra zweitgrößten Stadt Lykiens kennen, legt man einmal die Anzahl der bekannten Gräber zugrunde. Das ungezwungen wirkende Nebeneinander von lykischer Totenstadt und römischem Theater (Abb. 69) faszinierte schon Freya Stark. Wenig bekannt ist, daß in der Liste der Weltwunder des Kedrenus aus dem 4. Jh. n. Chr. dieses Bauwerk mit den herrlichen Theatermasken aufgenommen wurde.

In der Kirche des Heiligen Nikolaus versucht Frau Prof. Dr. Yildiz Ötüken mit ihrem Grabungsteam von der Universität Ankara, ein Geheimnis des großen Heiligen zu lüften. Die Fremdenführer halten sich noch immer an die Erklärung von Urs Peschlow daß der Sarkophagdeckel mit der geheimnisvollen Einlassung zum wiederverwendeten Sarkophag des Heiligen gehört haben müsse, da man Wein und Honig dort hineinlaufen lassen konnte. Das heilige Myron hätte man dann mit einem Zapfhahn aus dem Sarkophagkasten gewinnen können, um es dann an die frommen Pilger weiterzuverkaufen.

Abb. 70 Myra, Ausschnitt der unterhalb der Akropolis und östlich von dieser gelegenen Ost- oder Flußnekropole, die insgesamt 41 Gräber umfaßt. Hier auch die Gräber 69 und 81.

Delicedere

Das Grabmal des Barons von Asarönü

von Jürgen Borchhardt

Westlich der Straße von Finike nach Elmalı und nordwestlich von Turunçova befindet sich heute ein Steinbruch, der schon in der Antike ausgebeutet wurde, etwa zur Gewinnung von Werkblöcken für das Ptolemaion von Limyra. Der Stein, unmittelbar nach seiner Bergung noch schneeweiß und weich wie ein Schafskäse, erhält seine Härte erst nach der Trocknung in der Sonne und findet unter dem Markennamen «Limyra-Marmor» weltweiten Absatz. Folgt man sodann bei Cavdir dem jetzt trockenen Bett des Baches «Delicedere», was soviel wie Wildbach heißt, durch eine von hohen Kiefern tief verschattete Schlucht nach Norden, gelangt man auf einem von antiken Fahrspuren gezeichneten Weg bald zu einem Felsgrab. Aus einem gewaltigen Felsblock wurde das Grab herausgearbeitet. Auf der linken Seite des heute infolge Grabraubes offenen Eingangs erscheinen vier männliche Personen unterschiedlichen Alters mit verschiedenen Attributen, auf der rechten Seite eine Frau, die von einem kleinen Mädchen begleitet wird. Die Grabanlage war ehemals zweigeschossig, d. h. oberhalb der eigentlichen Grabkammer war noch ein freistehender Sarkophag aufgestellt. Ein vandalischer Sprengstoffanschlag mit Dynamit hat dem bedeutenden Grabmal arg zugesetzt; eine Rettungsaktion der Jahre 1995–1996 unter der Leitung von Silke Kucher versuchte das zu sichern, was der Befund an diesem geheimnisvollen Ort noch hergab.

Den Grabbezirk umfaßte einst ein Temenos. Schrotkanäle beweisen vor Ort praktizierte Werkblockgewinnung, vermutlich aus der Zeit der Errichtung des Grabes im 4. Jh. v. Chr. Die Kanäle legen aber auch eine kultische Nutzung nahe. Die Ikonographie der lebensgroß aus dem Felsen zu beiden Seiten der Grabfassade gemeißelten Figuren bezeugt durch den leisen Grußgestus von Vater und Mutter, daß hier in dem Felsgrab mit zweiteiliger, Holzkonstruktionen nachahmender Fassade die Angehörigen bestattet werden sollten. Das Stifterpaar selbst wollte in einem lykischen Sarkophag, der oberhalb der Fassade aufgestellt gewesen war, seine letzte Ruhestätte finden. Die Ausstattung der Fassade wurde mit Palmettenschmuck und Löwenkopfwasserspeier am Dach ergänzt.

Abb. 71   Camilla Daxner, Aquarell 38 x 28 cm. Delicedere, Gesamtansicht des Felsgrabes; 1995. Privatbesitz.

Abb. 72   Delicedere, Gesamtansicht des reliefierten Felsgrabes mit dem Vorplatz.

Arykanda *Das lykische Delphi*

von Jürgen Borchhardt

Wer im Koilon (Sitzreihen der Zuschauer) des römischen Theaters sitzt und über das Bühnenhaus hinaus in das tiefe Tal des Arykandos nach Westen schaut, vermag, wenn er die Augen schließt und genügend phantasiebegabt ist, Stimmen aus der wechselvollen Vergangenheit an diesem «Ort in den Hohen Felsen» wahrzunehmen, der auf halber Strecke im Arykandos-Tal Limyra mit der Milyas am Avlan-Göl verband. Es sind Stimmen, polyglott und von ganz unterschiedlicher Intensität und Klangfarbe, beginnend in altlykischer Zeit, für die keine Münzstätte belegt ist, wohl aber sechs Felsgräber ohne lykische Inschriften, und reichend bis in die Moderne, repräsentiert durch die seit 1969 durchgeführten Ausgrabungen der türkischen Equipe mit ihrem Leiter Cevdet Bayburtluoğlu.

Der Blick über dieses lykische Delphi von der hellenistischen Zitadelle, hoch über der oberen Agora mit dem Bouleuterion, ist lohnend. Der würzige Geruch der Nadelhölzer ist eine sinnliche Wahrnehmung, die in der Nase haften bleibt. Der Philologe mag sich fragen, wo der Helios-Tempel errichtet wurde, der Ingenieur die Wasserversorgung der Stadt bewundern, besonders das hohe Wasserdepot im Felsenkessel oberhalb des modernen Rastplatzes. Auf Grund seiner Quellbäche diente er sicherlich einstmals als Kultplatz. Die Bedeutung der Ruinen liegt vielleicht nicht so sehr in ihrer Geschichte oder ihrer Baukunst, sondern in der Gesamtheit des Erhaltengebliebenen, einem beeindruckenden Ensemble meist kaiserzeitlicher Bauten bestehend aus Stadion, Theater und unterer Agora mit Odeion. Erstaunlich ist der Thermen- und Gymnasion-Komplex des sog. lykischen Reihen-Typus mit zweigeschossiger Fensterfront mit einem gut erhaltenen Hypokaustensystem und der hoch aufragenden Apsis des Caldariums. Vom Stolz der Bürger im 2. und 3. Jh. n. Chr. künden die großen römischen Grabhäuser mit ihren Basen in Tricliniumform für die Aufstellung von Sarkophagen. Die Kontinuität in byzantinischer Zeit dokumentiert die Unterstadt hoch über dem Flußtal, vom konservativen Geist der Bergstadt zeugt eine antichristliche Petition aus dem Jahre 312 n. Chr. an das Kaiserhaus in Rom.

Abb. 73 Camilla Daxner, Eitempera auf Holz 18,3 x 27 cm. Arykanda, Blick auf das Bühnenhaus des Theaters; September 1992. Privatbesitz.

Abb. 74 Arykanda, Blick aus dem Theater in das Arykandostal.

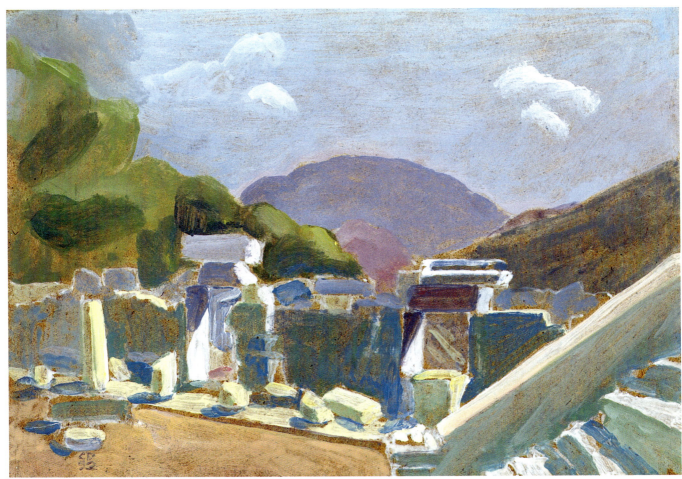

Zêmuri-Limyra *Ausgrabungen und Forschungen am Saklı-Su*

von Jürgen Borchhardt

Der Quell- und Wasserreichtum zu Füßen des Tocak-Dağ garantierte vermutlich schon in hethitischer Zeit die Anlage einer Siedlung, die vielleicht *zumarri* hieß, aus dem sich dann in klassischer Zeit Zêmuri entwickelte, dessen griechische Bezeichnung Limyra sich dann in der Antike durchsetzte. Die umfangreichen Nekropolen, die das Stadtgebiet im Westen und Osten umgeben sowie die Chora mit den kleinen Vororten Asarönu im Westen und Perni im Osten und die Berghänge des Beymeldek-Dağ und des Tocak-Dağ bis zum Alakır-Çay legen Zeugnis davon ab, daß Ende des 5. Jhs. v. Chr. die erfolgreiche Koalition der Dynastie der Harpagiden von Zentrallykien und der Zêmuriden von Ost-Lykien die attische Vorherrschaft abgeschüttelt haben muß. Die Folge konnte nur ein gewichtiger Aufschwung gewesen sein.

Die Künstler interessiert nicht die Typologie der Grabanlagen, die Interpretation der Ikonographie, sondern das wechselnde Spiel von Licht und Farben. Doppelgeschossige Grabdenkmäler, d. h. Sarkophage über altlykischen Haustypen, mögen vielleicht den Wunsch nach Heroisierung der Stifter ausdrücken, die im Sarkophag ihre letzte Ruhe fanden über ihren Nachfahren, deren Leichen in dem petrifizierten Andron, dem Bankethaus beigesetzt wurden. Perikle, der vielleicht seit 400/390 v. Chr. die Herrschaft übernommen hatte, baute für seinen Vater *trbbênimi* ein tempelförmiges Grabmal wie für einen Heros Ktistes, einen Stadtgründer, hoch über der Stadt. Die Herrschaftslegitimation wird in den Akroteren mit den Heroen Perseus und Bellerophon genealogisch begründet, d. h. die Zêmuriden nehmen für sich in Anspruch, mit diesen beiden Urkönigen der Peloponnes und Lykiens verwandt zu sein. Eine Anspielung auf das Bündnis mit den Spartanern im peloponnesischen Krieg mag enthalten sein, visualisiert wird in den Friesen die Dependenz vom persischen Großkönig, der Lykien als Teil der Satrapie Karien betrachtet, die von Sardes in Lydien aus, verwaltet wird.

Von überregionaler Bedeutung ist die aus Spolien (wiederverwendeten Blökken) rekonstruierte Basis einer Reiterstatue, die in Limyra entweder die Stadt für den Herrscher, oder der Sohn Perikle für seinen Vater *trbbênimi* als Weihegeschenk im Tempelbezirk des Apollon in der Ost-Stadt aufgestellt hat. Die bronzene Statue ist sicherlich schon in der Antike eingeschmolzen worden, die Reliefs der Basis in Lebensgröße zeigen aber auf den Langseiten den regierenden Dynasten, wie er in voller Rüstung den von vier Pferden gezogenen einachsigen Streitwagen besteigt. Auf der Rückseite zeigt eine Architekturansicht das zur Residenzstadt erhobene Limyra. Vermißt wird noch die Vorderseite mit der vermuteten Stiftungsinschrift in Lykisch, Griechisch und Aramäisch. Der Anlaß der Aufstellung mag in den militärischen und diplomatischen Erfolgen des lykischen Königs bei der Einigung Lykiens zu Zeiten seiner Herrschaft gesehen werden. Aus der neueren Geschichte erinnern wir an die Reiterdenkmäler des Begründers der türkischen Republik, die im Auftrag der Staatsregierung von dem österreichischen Bildhauer Heinrich Krippel ausgeführt wurden. In Sarayburun bei Samsun reitet der Sieger des türkischen Unabhän-

75

76

gigkeitskrieges, Gazi Mustafa Kemal, mit einem Roß, das in kühner Bewegung auf der Hinterhand fußt. Dagegen strahlt das Reiterstandbild Atatürks auf dem Ulus Meydanı in Ankara in ruhiger versammelter Haltung die Gewißheit aus, durch die Siege im Unabhängigkeitskrieg, die Abschaffung von Sultanat und Kalifat, durch die Ausrufung der türkischen Republik am 29. 10. 1923 in Ankara sowie durch das Gesetz vom 5. 4. 1928, das den Laizismus, also die Trennung von Kirche und Staat, zur Staatsdoktrin erhob, einen dauerhaften Staat begründet zu haben.

Nach jahrelangem Streit um das Areal südlich des Theaters, das mit einer Enteignung jetzt abgeschlossen werden konnte, kann die kühne Theorie, daß in Limyra, kleinasiatischer Besitz der Ptolemäer, das regierende Herrscherpaar auf dem Thron in Alexandria mit einem städtischen Tempelbau geehrt und in diesem verehrt wurde, jetzt durch weitere Grabungen verifiziert werden. Die Arbeitshypothese geht davon aus, daß die Stadtväter einen solchen Beschluß nach der Errettung der Stadt vor einem Angriff keltischer Truppen in der 1. Hälfte des 3. Jhs. v. Chr. faßten. In der Cella der peripteralen Tholos über dem hohen Podium, das sich heute im Grundwasser spiegelt, standen vermutlich die Kultstatuen der Herrscherpaare, deren Kultnamen gut bekannt sind: Ptolemaios I. und Berenike I. («Theoi soteres»), Ptolemaios II. und Arsinoe II.(«Theoi philadelphoi»), schließlich Ptolemaios III. und Berenike II. («Theoi euergetai»). Bewun-

77

78

79

Abb. 75   Camilla Daxner, Eitempera auf Holz 18,3 x 27 cm. Limyra, Blick auf die Weststadt mit der byzantinischen Nordmauer; September 1992. Besitz der Künstler.

Abb. 76   Siegmund Daxner, Tempera auf Holz 17,5 x 25,7 cm. Limyra, Blick nach Nordwesten, im Vordergrund der Steingarten der Grabungsinsel; September 1991. Besitz der Künstler.

Abb. 77   Limyra, Blick auf das Ausgrabungscamp von Norden. Am linken Bildrand unterhalb der Wasseroberfläche befindet sich die Säulenstraße, eine der Hauptachsen der Stadt.

Abb. 78   Limyra, Ptolemaiongrabung. Blick auf das Podium des Ptolemaion mit der Überbauung durch die byzantinische Stadtmauer an der Ostseite der Weststadt.

Abb. 79   Limyra, Blick vom Heroon unterhalb der Burg über das antike Stadtgelände auf die Bucht von Finike.

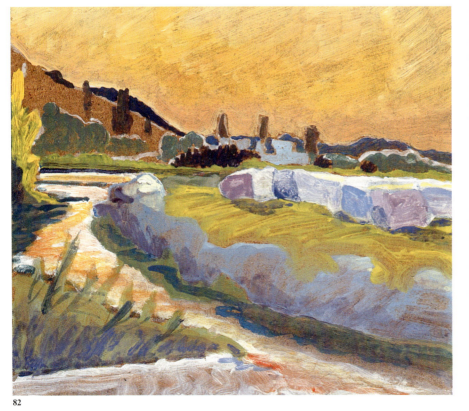

werk des Ptolemaion, die kolossale Skulpturengruppe «Stratege, ein gesatteltes Pferd führend», läßt vermuten – unterstützt durch die Hippokampen als Schmuck des Balteus – daß einer der Admirale der ptolemäischen Armee wie z. B. Patroklos vielleicht der Stifter des Weihegeschenks und möglicherweise auch des

Abb. 80 Camilla Daxner, Aquarell 38 x 28 cm. Limyra, Quelle («verborgenes Wasser») unter der Weststadt; September 1996. Besitz der Künstler.

Abb. 81 Camilla Daxner, Eitempera 48 x 36 cm. Limyra, der Archäologe und Ausgräber Jürgen Borchhardt; September 1992. Privatbesitz.

Abb. 82 Camilla und Siegmund Daxner, Eitempera auf Holz 23 x 26,6 cm. Limyra, Blick nach Nordosten bei Sonnenaufgang; September 1992. Besitz der Künstler.

Abb. 83 Camilla Daxner, Aquarell 28,3 x 38 cm. Limyra, Südansicht des sog. Kaineus-Grabmals in der Nekropole III; November 1994. Privatbesitz.

Abb. 84 Limyra, Nekropole I. Blick auf die Grabfassaden, die zu den aufwendigsten Lykiens zählen.

dernswert ist der Stilpluralismus der Kultstatuen, der Bauplastik und der Weihegeschenke. Weisen die weiblichen Kultstatuen allein aufgrund des Formats mit ihrem erhabenen Stil auf die Schule von Kos, so scheinen die Kentauromachien der Metopen und die freiplastischen Löwenwächter den phrygischen Modus zu spiegeln oder das asianische Barock der Rhetorik. Das bedeutendste Kunst-

83

84

85

Ptolemaions mit Temenos, Naos und Altar gewesen sein könnte. Den Realismus suggerierenden Stil der Kentauren und Lapithen ruft andererseits auch ins Gedächtnis, daß Mediziner wie Herophilos aus Chalkedon schon Leichen sezierten. Mit Modellen versucht man, sich der originalen Gestalt des Naos anzunähern. Durch das Abschlußakroterion über dem geschuppten Kegeldach, das den dritten, den korinthischen Stil repräsentiert, müssen Uräus-Schlangen gezogen sein, deren Köpfe vermutlich die Kronen von Ober- und Unterägypten oder andere Symbole des Ptolemäerreichs trugen.

Vor den Mauern der Oststadt findet sich einer der pittoreskesten Plätze Limyras, dessen Ausstrahlung auch die Künstler in ihren Bann gezogen hat (Abb. 83). Häufig lagern hier an Wochenenden türkische Großfamilien im Schatten der mächtigen Steineichen, wobei sie ihre besondere Wertschätzung für das klare Wasser niemals verhehlen, das der schwarzen Höhlung des Kaineus-Grabes zu entströmen scheint und damit einmal mehr die Küstenabsenkung erkennbar macht. Unter dem gewaltigsten Baum, trotz unsensibler Brandhöhlung noch immer vital, könnte noch Kaygusuz Abdal, Jünger Abdal Musa's, Gründer des Bektaschi-Klosters im Limyra des 14. Jhs. gesessen haben. Ganz sicher erfreute sich der osmanische Reiseschriftsteller Evliya Çelebi im Jahre 1671 an diesem Platz, den er als paradiesisch beschreibt. Weiter westlich dieses z. T. ruinösen islamischen Gebäudekomplexes weiden heute, schon innerhalb der Oststadt, Tiere. Die grasenden Rinder wecken Reminiszenzen an das Buckelrind auf den Münzen des Kai-

sers Gordianus III. Das Münzbild gibt in der üblichen Verkürzung den heiligen Quellsee des Limyros wieder, an dem der Priester des Apollon die Zukunft deutete.

Eine zeitgenössische Installation möchte den Dialog mit diesem heute nicht mehr näher zu lokalisierenden Orakelsee aufnehmen. Auf die Pfeiler des 6,50 m breiten Tores im Süden der restaurierten byzantinischen Stadtmauer der Oststadt, das den Zugang zu Depot, logistischem Zentrum der Grabung und Grabungsinsel eröffnet, werden zeitweise zwei Dreifüße gestellt, die der Modellgestalter Professor Franz Hnizdo geschaffen hat. Zwischen dem noch die geometrische Epoche rezipierenden Dreifuß des Apollon und der byzantinischen Mauer vermittelt ein strahlend weißer Sockel aus dem lokalen Steinbruch von Cavdir. Gegenüber, am Fuße des Burgberges, steht das doppelgeschossige Grabmal des χñtabura, das seit dem 19. Jh. als Wahrzeichen für Limyra von den Künstlern gewählt wurde. Zurecht darf behauptet werden, daß χñtabura Priester des Apollon-Orakels in Limyra war. Er muß so bedeutend gewesen sein, daß Palast und Rathaus ihm und seiner Nachkommenschaft gestatteten, dieses gewaltige Grabmal, entgegen antiker Sitte, inmitten der Stadt zu errichten, vermutlich in unmittelbarer Nähe der heiligen Quelle.

Mit sicherem Gespür haben die Künstler in ihren Werken die Bedeutung des Wassers hervorgehoben. Alte und neue Kanäle umgeben die Grabungsinsel, in deren Konzept platonische Dialoge zu Atlantis mit neueren Ideen zur Gestaltung von Freiluft-Museen wie Louisiana bei Kopenhagen eine erst in Umrissen sicht-

bare Verbindung eingegangen sind. Kopien der Karyatide NO 1 vom Heroon sollen hier den Dialog aufnehmen mit der Königin aus der Tholos des Ptolemaions oder dem wagenbesteigenden Dynasten von der einzigen bislang nachweisbaren reliefierten Reiterbasis der Klassik. Hinter den im Winde flatternden weißen Tüchern an den Eingängen der agglutinierend aufgebauten Schilfhütten unter den von der Grabung gepflanzten Eukalyptusbäumen sind nach demokratischen Vorstellungen der Isonomie die einzelnen Mitarbeiter mit Bett, Tisch, Stuhl und Petroleumlampe untergebracht. Der alte Grabungsleiter freut sich, wenn Gäste wie der Dekan der philologischen Fakultät der Universität Wien, die schützend die Patronanz über das Grabungsunternehmen ausübt, «das herrschaftsfreie System» beim abendlichen Umtrunk am offenen, von einem Schilfdach oder von einer an osmanische Heerlager erinnernden Zeltplane geschützten Eßplatz rühmen.

Im Rahmen des Projektes «Experimentelle Archäologie und Baugeschichte» wurden von dem Architektenteam Klaus Schulz und Lore Mühlbauer drei Nutzbauten errichtet, um unterschiedliche Theorien zum lykischen Konstruktionsprinzip dreidimensional nachzuvollziehen. Für den Holz-Ziegel-Bau, der als Küche benutzt wird, wurde die Ausfachung mit gebrannten Ziegeln geschlossen. Bei den lykischen Bauten lassen sich keine Dreiecksverbindungen aus statischen Gründen nachweisen. Zum ersten Mal in der modernen Baugeschichte wurde der Mut gefunden, Rundhölzer zu verlegen, die durch quadratische Kanthölzer am Abrollen gehindert werden, und ein Flachdach mit überblatteten Enden der Fascien. Um dem Besucher die Absicht zu verdeutlichen, wurde über dem nicht originalen Mauerdurchlaß das Fragment eines Originaldachblockes von einem freistehenden Grabhaus mit Rundhölzern und Dreifascien-Architektur aufgelegt.

Abb. 85 Siegmund Daxner, Kohlestift auf getöntem Papier 12 x 17,2 cm. Limyra, Blick auf die Weststadt mit der byzantinischen Nordmauer, im Vordergrund der Steingarten der Grabungsinsel; September 1992. Besitz der Künstler.

Olympos

Die Kulturbringer Bellerophon und Servilius Vatia Isauricus im Kampf gegen die Chimaira und die Seeräuber

von Jürgen Borchhardt

Von dem sagenhaften, exzentrischen letzten König von Assyrien Sardanapal ist überliefert, daß er in Kilikien in Anchiale ein Grabmal besessen habe, versehen mit einem assyrischen Relief mit Keilinschrift. Der erläuternde Text wird als schauerlich-schönes Musterbeispiel eines verdorbenen dekadenten Hedonisten überliefert: «Das gehört mir, was ich gegessen, gefrevelt, beim Sex an Spaß gehabt habe; die ganze edle Moral aber bleibt hinter mir.»

Daß dieses Zerrbild eines östlichen Potentaten schon in die Zeit des frühen 4. Jhs. v. Chr. gehört, beweist Ktesias aus Knidos, der als Arzt am Hofe des Perserkönigs weilte, und Aristoteles, der diese frivole Inschrift als unpassend für einen Monarchen bezeichnete und höchstens für einen Stier geeignet hielt. Eugène Delacroix läßt in seinem Gemälde von 1827 mit dem Titel «Der Tod Sardanapals», das im Louvre aufbewahrt wird, den König inmitten des leidenschaftlichen Chaos den Tod und Untergang erwarten.

Als Zeitgenosse erweist sich jener Spötter unterhalb des Götterberges Solyma, des heutigen Tahtalı-Dağ, der von dem lykischen König Perikle als Festungskommandant oder Gouverneur in dem Hinterland von Olympos, unmittelbar an der antiken Straße, die von Korydalla, über Gagai nach Phaselis führte, eingesetzt wurde. Sicherlich war dieser Mann namens Apollonios kein lykischer Dynast, vermutlich auch kein Grieche aus Rhodiapolis oder aus einer der anderen griechischen Städte, die von Rhodos aus im 7. Jh. v. Chr. gegründet worden waren und offensichtlich erst durch Perikle dem lykischen Staat zugeordnet wurden. Vermutlich entstammte er einem einheimischen Geschlecht im Grenzgebiet zwischen Lykien, der rhodischen Pereia und Pisidien. Erstaunlicherweise läßt sich der Sohn eines Vaters, der ausdrücklich als «Griechenlandfreund» tituliert ist, zweimal darstellen. Das Darstellungsprogramm wiederholt also die Qualitäten «Gerechtigkeit» und «Lebensgenuß». Er erscheint lebensgroß als gewappneter Krieger, d.h. «$\delta\iota\kappa\alpha\iota\sigma\sigma\acute{\upsilon}\nu\eta$» hat er militärisch durchgesetzt; im Totenmahl versucht er, die prospektive Erwartung seiner Jenseitshoffnungen zu decodieren. Als das rhodische Ost-Lykien von Limyra aus unter der Dynastie der Zêmuriden erobert wurde, setzte Perikle mit sicherem Instinkt für strategische Notwendigkeiten einen seiner Gefolgsleute östlich vom Paß auf ein nacktes Felsmassiv mit hervorragendem Blick auf die Bucht von Adrasan und die Schlucht von Olympos. Dieser ironische, gebildete Militär, die Chimaira und damit auch Bellerophon ständig vor Augen, hielt sich nicht an die Moralapostel der griechi-

Abb. 86 Camilla Daxner, Eitempera 30 x 40 cm. Olympos, Strandansicht mit Blick nach Nordwesten auf die hinter Bäumen verborgene antike Stadt; September 1992. Privatbesitz.

Abb. 87 Olympos, Blick auf die byzantinische Uferbebauung längs des Flusses, der durch die Ruinen führt.

88

schen Welt wie Xenophon, Isokrates oder Theopomp, die von einem guten Herrscher «Weisheit und Fleiß» erwarteten. Er setzte in guter alter ionischer Tradition auf ein genußreiches Weiterleben mit gutem Essen und Trinken und Erotik im Sinne des Sokrates-Schülers Aristoppos von Kyrene auf der anderen Seite des Mittelmeers. Heißt es doch schon in einem Gedicht des Ion von Chios an Dionysos aus der Zeit der Hochklassik: «Gib Leben, Schützer schöner Taten, Trinken und Erotik und gerechtes Denken». Vielleicht las er aber in seiner Bibliothek auf der Burg in den frühen Abendstunden, wenn die Sonne hinter dem nord-südlich ins Meer kippenden Taurus um den Solyma untergegangen war, in einer Ausgabe des Gilgamesch-Epos:

«Als die Götter die Menschen erschufen,
Teilten den Tod sie der Menschheit zu.
Nahmen das Leben für sich in die Hand.
Du, Gilgamesch – dein Bauch sei voll,
Ergötzen magst du dich Tag und Nacht!
Feiere täglich ein Freudenfest!
Tanz und spiel bei Tag und Nacht!
Deine Kleidung sei rein, gewaschen dein Haupt,
Mit Wasser sollst du gebadet sein!
Schau den Kleinen an deiner Hand,
Die Gattin freu' sich auf deinen Schoß!
Solcher Art ist das Werk des Menschen!»

Noch um 100 v. Chr. kann sich diese Stadt des lykischen Bundesstaates rühmen, durch ihr dreifaches Stimmrecht in der Bundesversammlung zu den sechs größten Städten Lykiens wie Pinara, Tlos, Xanthos, Patara und Myra zu gehören. Von der hohen Festung über dem Meer regierte dann der Seeräuberfürst Zeniketes im frühen 1. Jh. v. Chr. die tributpflichtigen Städte, bis ihn P. Servilius Vatia, genannt Isauricus, mit seiner Kriegsflotte und seinem Heer einschloß. Der Freibeuter endete heroisch durch Selbstmord wie die Xanthier 540 v. Chr. bei der Eroberung ihrer Stadt durch die Perser und 44 v. Chr. bei der Vernichtung durch Brutus. Frühhellenistische Beispiele liefern der Freitod des Makedonen Alketas im Jahr 319 v. Chr. in Termessus maior oder der Selbstmord der königlichen Familie des Nikokreon 311/310 v. Chr. im brennenden Palast von Salamis auf Zypern.

Wegen des hohen Tauros-Gebirges geht die Sonne schon früh an diesem herrlichen Sandstrand unter, und die langen Abende regen dazu an, Bellerophon und die feuerspeiende Chimaira am Yanar-Taş und die gut erhaltenen Fresken in dem nahen byzantinischen Kloster, das über einem Hephaistos-Tempel errichtet wurde, zu besuchen oder durch die dschungelartig überwucherten Ruinen von Olympos zu beiden Seiten des Flusses zu wandern. Das Theater, der Tempel mit der Basis einer Statue, die dem Kaiser Mark Aurel zwischen 172 und 175 n. Chr. dediziert worden war, der Palast des wohlbekannten Bischofs Methodius und die zahlreichen Kirchen und gut erhaltenen und zum Teil durch das Museum von Antalya restaurierten Sarkophage in den Nekropolen vermitteln ein anschauliches Bild einer römisch-byzantinischen Stadt.

Auf einer der Längsseiten eines typischen Sarkophages mit Eckpilastern und «tabula ansata» wacht ein Medusa-Haupt im angedeuteten Giebel über der Schrifttafel, die uns mitteilt, daß Endomos, ein weitgereister Kaufmann, hier bestattet wurde. Das Schiff darf zunächst als sichtbarer Ausdruck des Wohlstands verstanden werden. Die glückliche Fahrt der Seele über den Okeanos in einem prospektivischen Sinne mag ebenfalls beschworen worden sein.

Wer wie der Autor vor 30 Jahren am Strand von Olympos der Schlachtung eines Stieres beigewohnt hat, wird immer an Plutarch denken müssen, der die Piraten und die Bewohner von Olympos als Anhänger des Mithras ausweist.

Abb. 88 Olympos, römischer Grabbau in der Talsohle.

Phaselis *Und die Lanze des Achill*

von Jürgen Borchhardt

Unterhalb des majestätischen Tahtalı-Dağ, des antiken Solyma, liegt einer der zauberhaftesten Orte der Ostküste: Phaselis, 690 v. Chr. von Rhodiern aus Lindos direkt am Meer gegründet. Diese aufblühende Handelsstadt zählte auch zu jenen Städten, die als Mitbegründer des griechischen Handelszentrums in Naukratis in Ägypten galten. Die geopolitische Lage läßt erkennen, warum Athen während der Ausdehnung des attischen Reiches Phaselis als östlichsten Vorposten betrachtete und im Kallias-Frieden von 449 v. Chr. das Kap Gelidonya als

Abb. 89 Camilla Daxner, Aquarell 28,3 x 38 cm. Phaselis, einer der drei antiken Häfen; Mai 1989. Besitz der Künstler.

Abb. 90 Blick auf die buchtenreiche Küstenlinie bei Phaselis.

91

südliche Grenze zwischen den beiden Reichen der Griechen und Perser festgelegt wurde. Als nördlichste Grenze wurde Kyaneai am Bosporus zum Schwarzen Meer hin bestimmt. Die griechischen Inseln und Hafenstädte an der kleinasiatischen Küste zwischen diesen beiden Punkten sollten für die persische Kriegsflotte tabu sein.

Wählt man die Befestigungen der Nordsiedlung als Aussichtspunkt, so blickt man auf die drei Häfen der Stadt, die bei Strabon erwähnt sind, weshalb Captain Beaufort zu Beginn des 19. Jhs. die Stadt sogleich identifizieren konnte. Man sieht gleichfalls die Akropolis und die freigelegte Prachtstraße mit dem Hadrians-Tor sowie die domitianische Agora und das hochgelegene Theater. Wagt man den Blick zurück in die Schluchten der Zeit, so begegnet man hier dem Eroberer, dem attischen Strategen Kimon, dem Belagerer, dem lykischen König Perikle und dem Vertragspartner Maussollos von Halikarnassos. 333 v. Chr. wird Alexander der Große als Befreier gefeiert und revanchiert sich bei den Phaseliten für die freundliche Aufnahme durch die Entsendung eines Pionierbataillons, das Marmera, eine pisidische Bergsiedlung, erobert und schleift. Seine Nachfolger zwingen die Stadt abwechselnd unter ihre Herrschaft: 309 v. Chr. Ptolemaios I., 197 v. Chr. Antiochos III. 77 v. Chr. entreißt der römische Feldherr P. Servilius Vatia (Isauricus) die Stadt dem Piraten Zeniketes. Durchreisende waren 48 v. Chr. Pompeius und 42 v. Chr. Brutus der Caesarmörder. 131 n. Chr. ehrten die Phaseliten den Kaiser Hadrian durch ein Prunktor, dessen Trümmer nahe der Südbucht von Jahr zu Jahr einen bedauerlichen Schwund hinnehmen müssen. Als Wahrzeichen der Handelsmacht wählten die Verantwortlichen der Stadt die Prora in Gestalt einer Keilerprotome, d. h. den Bug eines Kriegsschiffes, und prägten dieses Bild auf ihre Münzen. Dabei verfügte die Stadt über eine international hochberühmte Reliquie: die Lanze des Achill im Athena-Tempel, wie uns Pausanias berichtet. Dieser Bau stand vermutlich auf der Akropolis.

In den Jahren von 1968–1970 konnten unter Leitung von Helmut Schläger und nach dessen tragischem Tod bei Unterwasserforschungen vor den Liparischen Inseln durch Jörg Schäfer aus Heidelberg im Rahmen von Survey-Genehmigungen eine vollständige Vermessung der Ruinen und eine Kartierung der Baureste vorgenommen werden. 1982–1985 führte Cevdet Bayburtluoğlu mit Hilfe der Weltbank die ersten Grabungen durch, die leider durch Unstimmigkeiten mit dem Museum in Antalya ein Ende fanden. Die geplanten Forschungen, besonders zu den vorrömischen Perioden, ließen sich somit nicht mehr realisieren. Dank der klugen Abzäunung der denkmalgeschützten archäologischen Zone ist der Charme der antiken Stadt mit seinen drei Häfen, in denen Yachten ankern, erhalten geblieben.

Abb. 91 Phaselis, Blick von der Nordsiedlung über die Nordbucht und den Stadthafen auf die Akropolis. Im Hintergrund sieht man die Tria Nisia, die drei Inseln – Plinius nennt sie Cypriae – vor dem Kap von Adrasan.

Lykien

Auch heute noch so multikulturell wie eh und je

von Jürgen Borchhardt

Natürlich gibt es in der Türkei nach staatsrechtlicher Auffassung nur Staatsbürger einer Fasson mit gleichen Rechten und Pflichten. Dem ethnologisch interessierten Reisenden wird jedoch auffallen, wie vielfältig das Erscheinungsbild der Menschen auf der lykischen Halbinsel ist, ohne hier den ständig wachsenden Touristenstrom aus allen Erdteilen unseres Planeten berücksichtigen zu wollen. Von dem ehemals starken Anteil der Griechen in der Bevölkerung ist heute allerdings kaum mehr etwas zu spüren. Nur in der Architektur, so z. B. in Kaş, sind noch einzelne Häuser erhalten geblieben, die

Abb. 92 Blick von Finike in die Schlucht des Arykandos. Unterhalb der Bey Dağlari, der glänzende Steilfelsen des Sarre-Kaya.

ihre Bauherren nicht verleugnen können, und so zu den jüngsten Relikten einer Jahrtausende währenden griechischen Präsenz geworden sind. Nach den 20er Jahren des zurückliegenden Jahrhunderts wurden die Griechen in das Mutterland umgesiedelt, von dort wiederum Türken in ihre alte Heimat zurückbeordert. Es kam zu dem allseits bekannten «Bevölkerungstausch». Seitdem sind Turkstämme als Bauern, Viehzüchter und vor allem Nomaden eingedrungen.

Von Dalaman bis Finike bilden hin und wieder Schwarzafrikaner im Straßenbild einen nicht zu übersehenden Kontrast zur türkischen Bevölkerung. Tatsächlich sind sie weder aus den Zeiten des römischen Imperiums noch aus hellenistischer Zeit, als Lykien zu den von Alexandria verwalteten Überseegebieten der ptolemäischen Könige gehörte, übriggeblieben. Ihre Existenz geht auf eine Synergie zurück, die um 1900 in Wien begründet wurde, wie mir Prinz Abdel Monheim 1967 auf seiner Insel in der Bucht von Köyığiz erzählte. Sein Vater absolvierte damals an der K. K. Militärakademie seine Ausbildung und freundete sich mit einem Wiener Kadetten an. Beim Spiel wurden Luftschlösser gebaut. Ein wirtschaftliches Mustergut nach dem modernsten Stand der Technik wurde konzipiert und sollte realisiert werden. Der Sproß aus königlichem Ägyptischen Hause erhielt von seinem Vater unbekannte brachliegende Ländereien am Dalaman-Çay zugesprochen, dem antiken Indus. Über das technische Know-how verfügte der Österreicher, das Kapital stellte der Ägypter zur Verfügung. Das Problem der Arbeitskräfte wurde ebenfalls durch den Partner vom Nil rasch und pragmatisch

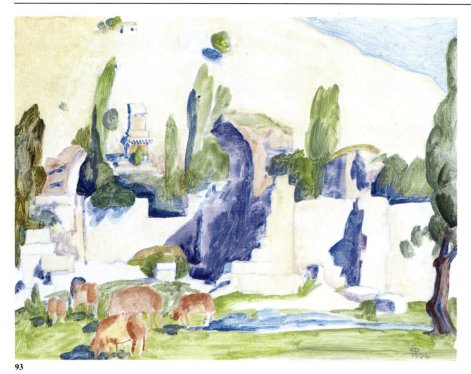

93

gelöst. Ganz im Stil des 19. Jhs. wurden kurzerhand 3000 Afrikaner in Familienverbänden aus dem Sudan, vermutlich Leibeigene des Paschas, in die Türkei zwangsweise umgesiedelt. Ihre Nachkommenschaft habe ich noch 1964 erlebt wie sie in ihren traditionellen Rundhütten aus Schilf ihr Leben fristeten. Manch einen Wissenschaftler konnte ich in der Folge von allzu voreiligen Schlüssen einer seit der Antike währenden schwarzafrikanischen Siedlungskontinuität in Kleinasien abbringen.

Als eine Siedlung der Tahtaci wird die Ortschaft Gökbük bezeichnet, in der es ein romantisches Forellenrestaurant am Fluß gibt. Teilnehmer der Limyra-Grabung sollen dort häufig gesichtet worden sein. Die Tahtaci gelten als Brettschneider und Holzfäller, gehören aber einer religiösen Gruppierung an, Schiiten, denen man eine enge Kasteneinteilung mit theokratischer Gliederung nachsagt, ohne Verbot von Schweinefleisch und Alkohol. Der Wiener Anthropologe Felix von Luschan attestierte ihnen am Ausgang des 19. Jhs. eine nomadische Lebensweise in Zelten. Die moderne Akkulturation und die Umstellung auf Obstbau verändert die alten Strukturen rapide.

Die Bewohner des Ortsteiles Saklısu-Mahallesi oder Yuvalılar-Köy sind aus dem Stamm der Karakoyunlar hervorgegangen, d. h. der Besitzer der schwarzen Schafe. Sie lebten von Wanderviehzucht. Winterlager waren die Ruinen von Limyra. Anfang Mai zogen sie das Arykandos-Tal (Abb. 92) aufwärts über Yalnızköy und Arif zum ehemaligen Vogelparadies Avlan-Göl. Nach einem Monat auf den Frühjahrsweiden erfolgte die Übersiedlung zu dem hoch gelegenen Sommerlagerplatz zu Füßen des Ak-Dağ mit Kamelen, Ziegen, Rindern und Schafen. Mitte August wurde der Abtrieb zu den Herbstweiden in der Elmalı-Ebene eingeleitet. Sobald die Regenzeit einsetzte, wurde der Rhythmus der Wanderung wieder zu Füßen des Tocak-Dağ beschlossen. 1960 wurden vom Staat Parzellen als Eigentum erworben und andere gepachtet, um Gemüse in Gewächshäusern anzubauen und Apfelsinenplantagen anzulegen. Der Akkulturationsprozeß kann mittlerweile als abgeschlossen gelten. Wenn heute einige der älteren Menschen den Sommer am Avlan-Göl verbringen, dann weniger aus wirtschaftlichen Zwängen als aus Nostalgie. In der nächsten Generation wird auch die Assimilation vollzogen sein, denn ausschließlich vom Ertrag als Gemüsebauern können nur wenige überleben. Die Konflikte zwischen den Bohnen und den Steinen füllen mehr als ein Heft des türkischen Spiegels.

Noch bevor sich die Yürüken in den Ruinen von Limyra angesiedelt hatten, sahen die Zigeuner von Yuvalılar-Köy das Territorium als das ihre an und ließen ihre Pferde in der byzantinischen Oststadt vor den kaiserzeitlichen Thermen (Abb. 93) grasen. Bereits die Teilnehmer der britischen Lykienexpedition von 1842 bemerkten trotz der türkischer Art der Zigeuner, sich zu kleiden, den Unterschied zu Griechen und Türken und betonten vor allem die wilde Lebensfreude der «Zingari». Auf Charles Fellows fußend, schreibt Carl Ritter 1859 über die Zigeuner von Düver/Tlos: «Unter den sparsamen heutigen Bewohnern des Dorfes waren viele Tschingane, die Zigeuner; ihre Frauen waren von einem schön gebildeten Stamme, gingen ohne Schleier, ohne Schüchternheit; die Mädchen sangen recht hübsche Lieder, die an tyrolische Berglieder erinnerten, aber wegen der orientalischen Sprache von sanfterem Klange waren, jedoch mit einem widrigen Nasenlaute vermischt. Die Männer zogen als wandernde Kesselflicker im Lande umher. Die griechischen Bewohner bedienen sich ihrer als Grobschmiede, aus Aberglauben, weil ihnen selbst dieß Handwerk ein verhaßtes ist. Von ihren unwissenden griechischen Priestern ist die Sage verbreitet: Ein Grobschmied habe einst die Nägel zur Kreuzigung Christi gemacht, da er deren aber mehr als nötig gewesen geschmiedet habe, so sei er mit seiner ganzen Zunft verflucht worden.» Dies ist ein Paradebeispiel für die grenzenlose Phantasie der Menschen, wenn es darum geht, die Vorteile einer ethnischen Minorität gegenüber zu begründen. Auch heute noch setzt sich das Zigeunerdorf von Yuvalılar-Köy gegen die Umgebung ab; es ist farbenfroh und ungemein lebendig. Frühere Auseinandersetzungen mit den Yürüken, die manchmal sogar hinter Gittern oder im Hospital endeten und dem Grabungsleiter so manches Mal zusätzliche Transportprobleme bescherten, scheinen mittlerweile vergessen zu sein. Mit großer Freude erinnern sich einige Mitglieder der Limyra-Grabung an die lebhaften und mehrere Tage währenden Hochzeiten, zu denen sie häufiger als Ehrengäste eingeladen waren, sehr zur Freude von Auge, Ohr und Magen. Die hinreißende und ganz und gar wilde Musik, die dort gespielt wurde, war mehrfach auch auf der Grabungsinsel zu hören und hat manchem Jubilar, der dort seinen Geburtstag feierte, Reaktionen entlockt, die er zuvor kaum für möglich gehalten hätte.

Abb. 93 Camilla Daxner, Eitempera 30 x 40 cm. Limyra, der vor dem Quellsee gelegene Ruinenkomplex der kaiserzeitlichen Thermenanlage mit ehemals vorhandener marmorner Wandverkleidung von Süden gesehen. Der Bau wurde in spätantiker Zeit in den Befestigungsring der Oststadt integriert. Heute ist das Areal beliebter Weideplatz für die Tiere der Yürüken, zuvor auch der Zigeuner von Yuvalılar-Köy; Oktober 1994.

Pisidien

Tod in Termessos

von Anastasia Pekridou-Gorecki

Am 13. Juni 323 v. Chr. stirbt Alexander der Große in Babylon. In einem spektakulären Leichenzug wird er nach Alexandria in Ägypten überführt. Die offizielle Trauer währt nur kurz, und der Kampf um das Erbe des großen Makedonen und Welteroberers beginnt. Die Folge wird eine Aufsplitterung des Gesamtreiches in mehrere Teilreiche sein. 319 v. Chr. ist das pisidische Bergland Schauplatz der Rivalitäten. Der Kopf der einen Partei ist Antigonos, der den Beinamen Monophthalmos (der Einäugige) führt. Ehemals Offizier im Heer Alexanders, ist er im Augenblick Satrap (Gouverneur) von Großphrygien, Lykien und Pamphylien. Das Reichsheer in Asien gehorcht seinem Oberbefehl. Sein Gegenspieler ist Alketas, von königlichem Geblüt, einer der letzten Überlebenden aus der Partei der Perdikkaner, nach seinem Bruder Perdikkas benannt, dem Alexander auf dem Sterbebett seinen Siegelring übergibt. Alketas, der sich auf den Alexanderzügen mehrfach als Infanteriegeneral auszeichnet, zieht nach Pisidien, um hier die Entscheidung gegen Antigonos zu suchen. Der verläßt unverzüglich sein Winterlager in Kappadokien, legt in Eilmärschen 2500 Stadien (ca. 400 km) zurück und erreicht eine Stadt namens Kretopolis. Alketas, der nicht mit der Schnelligkeit seines Gegners rechnet, wird überrascht. Beide Seiten liefern sich umgehend hartnäckige Reitergefechte, wobei Alketas seine Schwadrone selbst anführt. Auch Fußsoldaten rücken in Schlachtordnung vor. Die Verluste auf beiden Seiten sind enorm. Das Heer des Antigonos, zahlenmäßig überlegen, wird sogar von Kriegselefanten unterstützt. Die Siegesgöttin entscheidet schließlich zugunsten des Antigonos. Viele Offiziere ergeben sich, andere fliehen, mit ihnen Alketas. Das Ziel ist Termessos. Gut befestigt und in über 1000 m Höhe gelegen, scheint die Stadt der sicherste Zufluchtsort in der Region zu sein. Aufgrund der guten strategischen Lage verzichtet schon Alexander der Große auf seinem Marsch nach Phrygien darauf, die Stadt einzunehmen, nicht geneigt, Soldaten, Material und Zeit zu opfern. Antigonos aber ist zu allem bereit und rückt bis an die Stadtgrenzen vor. Er will die Auslieferung des Gegners. Die Stadt gerät in Aufruhr. Hitzige Debatten bestimmen das Tagesgeschehen. Die jungen Pisider, ca. 6000 an der Zahl – nur zum Teil Termessier – stehen eindeutig auf der Seite des Alketas, der sie längst für sich eingenommen hat. Schon während der gemeinsamen Feldzüge zeichnet er sie wiederholt vor allen anderen Bundesgenossen aus, teilt die Beute mit ihnen und lädt die Führer zu seinen Banketten ein. Die Stadtältesten aber denken zuerst an das Wohl der Stadt. Politik ist schließlich nicht Sache des Herzens, sondern der Vernunft. Also muß Alketas ausgeliefert werden. Es gelingt aber nicht, die jungen Heißsporne davon abzubringen, notfalls ein ganzes Gemeinwesen für «einen Makedonen» zu opfern. Nur eine List kann die Stadt noch vor der drohenden Zerstörung retten. Nachts und in aller Heimlichkeit suchen Parlamentäre das Lager des Antigonos auf, bereit, den General tot oder lebendig auszuliefern. Antigonos solle zunächst eine Drohgebärde gegen die Stadt und dann unvermutet den Rückzug vortäuschen. Das würde die jungen Leute schon aus der Stadt locken. Die Rechnung geht auf. Dem Kommando, das ihn festnehmen soll, entzieht sich Alketas durch Freitod. Der Leichnam, bedeckt mit einem alten Gewand, wird auf einer Bahre dem Erzfeind übergeben. Geschändet und schon in Verwesung übergehend liegt der Tote vor der Stadt. Als die jungen Pisider zurückkehren und begreifen, was geschehen ist, besetzten sie einen Teil der Stadt und wollen wutentbrannt Feuer legen. Schließlich verlassen sie die Stadt enttäuscht und verbittert. Sie begnügen sich damit, einzelne von Antigonos besetzte Landstriche zu plündern und zu zerstören. Dieser zieht weiter nach Phrygien. Die jungen Termessier, die den Verlust ihres berühmten Freundes betrauern, bestatten seine mißhandelte Leiche «prächtig». Soweit der Bericht des Diodoros aus Sizilien – hier in freier Paraphrase wiedergegeben –, der sich auf zuverlässige Quellen jener Zeit berufen kann. Als einziger schildert er in seinem Geschichtswerk ziemlich ausführlich die Ereignisse in Termessos und setzt damit der Tragödie des Alketas ein Denkmal. Diesen Bericht vor Augen, wird nach der wissenschaftlichen Entdeckung der Stadt im 19. Jh. das auffälligste Grab von Termessos dem verratenen Makedonen zugeschrieben.

Auch für mich war dieses Grabmal der Grund, nach Termessos zu kommen. Der kurze Aufenthalt in jenen Spätsommertagen vor 20 Jahren bleibt mir unvergeßlich. Wir entfliehen dem Dampf des schwülheißen Antalya in Richtung Korkuteli. Schon nach kurzer Autofahrt läßt uns die wohltuend-frische und angenehm leichte Luft des pisidischen Berglands aufatmen. Inmitten eines mächtigen Bergkessels, Teil des Güllükdaği-Nationalparks, liegen vor uns die fast vollkommen überwucherten Ruinen von

95

Termessus maior, noch immer im Dornröschenschlaf. Vom Parkplatz aus erreichen wir nach kurzem steilen Anstieg das Zentrum der befestigten Stadt, die zu den imposantesten Anlagen Pisidiens zählt. Weit und breit ist kein Mensch zu sehen, und nur die üppige Vegetation, der Gesang der Zikaden und das gelegentliche Geschrei eines Greifvogels vermitteln das Gefühl von Lebendigkeit. Wo ist das Grab? Die Kartengrundlage ist unzureichend, gibt nur die Richtung an, und ich begreife, warum es mancher Besucher vor uns «vergeblich gesucht» hat. Die Tyche der Stadt meint es gut mit uns, denn sie schickt uns Mustafa den Bekçi, der alsbald Wasser, Melone, Käse und Brot mit uns teilen wird. Er kennt den Weg, und nach kurzer Zeit erreichen wir, über zusammengestürzte Architekturteile steigend und borniges Gestrüpp verdrängend, das Ziel. Am Fuß eines sich über uns auftürmenden Felsmassivs blicken wir in die nach zwei Seiten offene Kammer des außergewöhnlichen Grabes. Die Innenausstattung blieb unvollendet und hat durch Verwitterung, Erdbeben und mutwillige Zerstörung gelitten. Die Schmalseite zeigt das Reliefbild eines Reiters in voller Ausrüstung, der gegen einen imaginären Gegner anreitet (Abb. 96). Seitlich versetzt, etwas unterhalb, erkennt man die reliefierten Schutz- und Trutzwaffen eines Fußsoldaten. Alketas war sowohl Fußsoldat als auch Reiter. Den Beginn der Längsseite bestimmt eine mit Scheintür geschmückte Ostothek. Daneben ist der als Kline gestaltete Sarkophag zu sehen, die Beine mit fein gegliederten Palmetten verziert. In diesem Grab wurden somit zwei Tote bestattet. Über dem Giebel des Baldachins kämpfen Adler und Schlange um Leben und Tod. Ein findiger türkischer Reiseleiter versichert seiner polnischen Gruppe, bei dem Adler handele es sich um Alketas, bei der Schlange aber um Antigonos. Die Geschichte ein wenig korrigierend, läßt er natürlich Alketas gewinnen, und ich stelle fest, daß die Sympathie für den Makedo-

96

nen auch nach mehr als 2300 Jahren ungebrochen ist. Der sich anschließende dreibeinige Rundtisch und das Gefäßensemble, teilweise mit applizierten Figuren bestückt, erinnern an ganz ähnliche Konstellationen der sog. Totenmahlreliefs.

Südlich des Grabes bietet sich ein geeigneter Aussichtspunkt an, von dem aus man die gesamte Stadt überblicken kann. Deren Geschichte liegt noch weitgehend im dunkeln. Zwar haben Surveys manches Detail erhellt, doch hat noch kein Ausgräber hier seinen Spaten angesetzt. Einiges über die ethnische Genese der Termessier, deren politische Organisation und religiöses Leben oder auch das Territorium der Stadt weiß man aus der schriftlichen, besonders inschriftlichen Überlieferung. Sogar eine Kolonie, Termessus minor in Lykien, wird gegründet, ein Zeichen für Vitalität und dafür, daß die Stadt einst aus ihren Nähten zu platzen drohte. Der ehemalige Wohlstand ist unübersehbar. Davon zeugen qualitätvolle Bauten sowohl hellenistischer als auch römischer Zeitstellung. Den Mittelpunkt des öffentlichen Lebens bildete die Agora, im Südosten des Stadtareals. Um diese gruppieren sich mehrere Profanbauten, so das Bouleuterion oder Odeion mit seinen halbkreisförmig angeordneten Sitzreihen. Hier nennen Inschriften die Namen der Sieger sportlicher Agone. Ein Gymnasium stand der Jugend zur Leibesertüchtigung zur Verfügung, ein weiteres lag nördlich der Agora, schon außerhalb der Altstadt. Vier Hallenanlagen sind bekannt, zwei weitere außerhalb, die wohl nicht alle Handel und Gewerbe dienten, sondern vielleicht auch politischen Aktivitäten offenstanden. Zwei sind Stiftungen. Ein Wohltäter ist Atta-

los II. aus Pergamon, der andere ein Einheimischer namens Osbaras. Besonders eindrucksvoll bietet sich die Lage des hellenistischen Theaters dar, am Nordost-Rand des Zentrums in den Hang hineingebaut. Den Ausblick begrenzt die dicht bewaldete Bergkette des Taurus und die steil aufragende Felswand des Solymos. Welch eine Kulisse! An Sakralbauten sind sieben Heiligtümer auszumachen, Tempel, die dem Zeus Solymeus, der Artemis, dem Ares, dem Asklepios und einigen anderen Gottheiten errichtet wurden, alles in sorgfältig gefügtem Quadermauerwerk. Die Wasserversorgung der Stadt hingegen gestaltete sich nicht gerade einfach. Das lebenswichtige Gut wurde zwar auch aus Quellen geschöpft, zum überwiegenden Teil aber den zahlreichen Zisternen entnommen, die z. T. noch heute Wasser führen. Ein Kanalsystem sorgte für die Verteilung. Die gestalterische Vielfalt der zahlreichen Grabmonumente, welche von allen Seiten gegen die Stadt drängen, scheint dieser das Gepräge einer Totenstadt zu geben. Einfache Felsgruben, Ostotheken mit Scheintür und dachförmigem Deckel, kleinen Häusern gleich, Grabstelen, Felsgräber, reich verzierte Sarkophage und monumentale Grabbauten in Tempelform zeugen von den Jenseitshoffnungen der Bewohner und bestanden für viele allein aus der Furcht, vergessen zu werden. Inschriften mit den Personalien der Verstorbenen und die Androhung von Strafen bei Verletzung des Grabrechtes sollten diesem Vergessen Einhalt gebieten. Genützt hat es wenig, denn fast alle Gräber wurden zerstört und geplündert. Allein die Inschriften scheinen ihren Zweck erfüllt zu haben, aber nur selten gewinnen Person und Persönlichkeit auch Kontur.

Auf der vorhergehenden Seite:

Abb. 94 *Camilla Daxner, Aquarell 40 × 30 cm. Termessos, zerstörte Sarkophage der Westnekropole; Oktober 1997. Besitz der Künstler.*

Abb. 95 *Termessos, das beeindruckende Panorama von den Sitzreihen des antiken Theaters aus gesehen.*

Abb. 96 *Termessos, die Darstellung des Reiters auf der Schmalseite des sog. Alketas-Grabes.*

Pamphylien

Antalya

Ein Kampf um den Hafen des Attalos

von Joachim Gorecki

An der nördlichsten Begrenzung des Golfes von Antalya trifft man auf eine kleine natürliche Bucht, die alle Vorzüge eines geschlossenen Hafens besitzt. Dieser Gunstbeweis der Natur wird aber, gemessen an der langen Geschichte Pamphyliens, erstaunlich spät angenommen. Erst nach 159 v. Chr. gründet Attalos II. Philadelphos hier eine befestigte Hafenstadt, entweder, weil den Pergamenern – nach dem Frieden von Apamea 188 v. Chr. die neuen Herren Westpamphyliens – die anderen Häfen des Landes nicht offenstehen oder sie aber mit diesen konkurrieren wollen. Den pergamenischen Prospektoren bleibt nicht verborgen, daß die Felsenküste an dieser Stelle den Wasserspiegel bis zu 50 m überragt. Der starke Höhenunterschied zwischen Wasserlinie und Kalksteinplateau wird sich zwar auf den Ablauf des Waren- und Personenverkehrs von diesem Naturhafen hinauf zu der geplanten Siedlung nachteilig auswirken, doch weiß man andererseits, daß die Gefahr einer Verlandung nicht gegeben ist. Und diesem Umstand ist es wohl mitzuverdanken, daß Antalya als einzige der großen antiken Städte Pamphyliens ohne Unterbrechung bis heute überdauert.

Die Stadt der Gegenwart ist der Inbegriff der modernen expandierenden Türkei. Seit 1960 hat sich die Bevölkerung verzehnfacht. Entsprechend rasch dehnt sich das städtische Siedlungsareal aus, und wer regelmäßig die Region aufsucht, ist überrascht von der Schnelligkeit der Progression. Ein großer Teil der bis zu zehn Millionen Touristen, der jährlich in diesem schönen Land Muße und Entspannung sucht, nutzt Antalya als Eingangspforte zum kleinasiatischen Subkontinent, um hier zu verweilen oder in eines der übrigen Feriendomizile der «türkischen Riviera» weiterzureisen. Wer noch in den 70er Jahren sein Gepäck am Flugzeug in Empfang nehmen mußte, um dann in der engen Baracke direkt neben der Landebahn umständlich abgefertigt zu werden, mag sich mit ein wenig Wehmut erinnern, daß sich die Zikaden mit ihrem Gesang noch gegen den eher bescheidenen Fluglärm zu behaupten vermochten. Das ist endgültig vorbei, und angesichts des gigantischen neuen Flughafengebäudes läßt sich schnell ermessen, daß sich der Wandel zu einem Tourismus-Land erster Ordnung in Siebenmeilenstiefeln vollzieht.

Diesem Wandel verdankt Antalya das Wiedererstehen seiner Altstadt, «Kaleiçi», ein ehrgeiziges, von der Unesco gefördertes Programm, das Früchte trägt. Das Bemühen um die Erhaltung der historischen Bausubstanz zahlt sich aus. Längs der gewundenen vom Hafen aufwärts führenden und sich dann in alle Richtungen verzweigenden Gassen erfüllen nun Galerien, Ladengeschäfte, Restaurants und Pensionen die alten, ehemals baufälligen, nun aber liebe- und kunstvoll restaurierten Stein- und Holzbauten mit neuem lärmigem Leben. Nur

gelegentlich sieht sich der Reisende, der unter einer der für die alttürkischen Wohnhäuser so typischen auskragenden und holzvergitterten Beletagen stehen bleibt, überfordert von der Aufdringlichkeit des feilgebotenen Warenangebots. Nicht immer gelingt es, ungestört die Kunst des osmanischen Handwerks an geschickt zusammengefügten Hölzern, fein ausgemeißelten steinernen Tor- und Fensterlaibungen und auf stilvoll bemaltem Putz zu bewundern. Auf die wellenartig wiederkehrende und nie enden wollende Frage, aus welcher Stadt man denn komme, mit Yuvalilar-Köy (Limyra) zu antworten, sorgt allgemein für Verblüffung und Ratlosigkeit, was ein schnelles Entkommen begünstigt. Doch lädt das scheckige Ocker der Ziegeldächer der Kaleiçi auch ein zum Verweilen. Wer je bei Ergül Gök oder Mehmet Sağgün, aufmerksam bedacht mit unzähligen Tees, in das Lesen eines kunstvollen anatolischen Kelims eingeführt wurde, weiß wie schnell und wie oft man unter diesen Dächern sein Herz verlieren kann. War das Auge ermüdet von der Pracht der textilen Traumlandschaften, wurde das Ohr mitunter verwöhnt von jenen eindringlichen und anrührenden, aber niemals fremden Klangwelten, die Ergül mit Stimme und Def entstehen ließ, gelegentlich begleitet von einem vorbeischauenden Freund, der mit unglaublich schnellen Fingern meisterlich Bağlama spielte. Nie gelang es müheloser, dem gewohnten Zeittakt zu entgleiten. Und wenn dann später noch in einem der verschwenderisch duftenden mit Citrus-, Granatapfel- und Feigenbäumen bepflanzten, von Bougainvillea überquellenden Innen- oder Hinterhöfe Patlican, Mücver, Börek, Kiliç Şiş und andere Köstlichkeiten auf einen warteten, stellte sich die Frage, wie weit wir uns wohl schon von der Kunst des einfachen Lebens entfernt haben, ganz von selbst.

Nur sporadisch taucht Antalya in der Chronik der Geschichtsschreiber auf, und die ansehnliche Reihe der städtischen In-

Auf den vorhergehenden Seiten:

Abb. 97 Camilla Daxner, Aquarell 32,5 x 47,5 cm. Perge, Stadion und Theater; Mai 1984. Besitz der Künstler.

Abb. 98 Camilla Daxner, Aquarell 32,5 x 47,5 cm. Antalya, Blick auf die Dächer der Kaleiçi, gesehen vom Teehaus auf dem oberen Mauerbering; Mai 1984. Besitz der Künstler.

Abb. 99 Camilla Daxner, Aquarell 36 x 26 cm. Antalya, Altstadtgasse; Mai 1984. Privatbesitz.

99

schriften und Münzen erhellt manches Detail. Am vollständigsten noch lassen sich wohl die Kulte der Stadt überblicken. Einige bringen die Pergamener mit, so den der Athena, zugleich Hauptgottheit der Stadt oder die des Zeus und der Nike, andere sind bodenständig und werden nur neu ausgedeutet. Wir begegnen den Namen religiöser Würdenträger, und so manches Münzbild mag sich an einem real vorhandenem Heiligtum orientiert haben. Das profane Geschehen, soweit wir davon überhaupt erfahren, dominiert zumeist der Kampf um die verkehrspolitisch so bedeutende Stadt. Deren Hafen weckt stets Begehrlichkeiten; zuerst bei den Seeräubern, die sich bald nach dem Ende des pergamenischen Königreiches 133 v. Chr. hier einnisten. Begünstigt durch die machtpolitischen Verwerfungen, die nach dem Untergang der hellenistischen Ostreiche entstehen, erlangen die Piraten seit dem Ende des 2. Jhs. v. Chr. eine nie gekannte Machtfülle. Sie werden zu einer Plage für den gesamten Mittelmeerraum. Doch gelingt es, sie sowohl aus der Stadt zu vertreiben als auch von hier aus zu bekämpfen. Attaleia sieht Publius Servilius Vatia, den römischen Statthalter von Kilikien, genannt Isauricus, als Eroberer im Kampf gegen die Freibeuter, erlebt vielleicht auch den großen Pompeius, dessen Flotte 67 v. Chr. von hier aus in gleicher Mission operiert und der schließlich das Terrorregime niederkämpft. Gewiß ist, daß er knapp 20 Jahre später in den Mauern weilt, freilich gedemütigt und als Flüchtling nach der verlorenen Schlacht bei Pharsalos. Er hofft, hier genügend Soldaten und Schiffe zusammenziehen und zu einer Streitmacht gegen Julius Caesar vereinigen zu können. Durch die Eroberung des Isauricus 77 v. Chr. verliert Antalya die Unabhängigkeit, und der Grund und Boden geht in das Eigentum des römischen Staates über. Römische Bürger lassen sich hier nieder, zumeist Italiker, die nicht offiziell als Kolonisten entsandt werden, sondern wohl merkantile Ziele verfolgen. Ob Attaleia je den Status einer römischen Kolonie erlangt, wie eine mittel- oder spätkaiserzeitliche Inschrift glauben machen könnte, ist ungewiß. Unter Claudius wird Pamphylien 43 n. Chr. zusammen mit dem westlichen Nachbarn Lykien zu einer Doppelprovinz vereinigt, die zuerst dem Kaiser, später dem Senat unterstellt ist. 45 oder 46 n. Chr., weilt der Apostel Paulus nach Beendigung seiner Mission in Antiochia in Pisidien unter den Dächern von Attaleia. Das ist auch für Kaiser Hadrianus, wohl 131 n. Chr., verbürgt und angesichts des enormen Reisepensums dieses Kaisers keine wirkliche Überraschung. Andere Kaiser wie Lucius Verus dürften die mauerbewehrte Siedlung anläßlich ihrer Schiffspassage längs der kleinasiatischen Südküste zumindestens von weitem gesehen haben. Die Zeit der Christenverfolgungen unter Decius verschont auch die Hafenstadt nicht. Berichtet wird von dem Martyrium der Hirten Diodoros, Klaudianos und Papias. Den Stadtmünzen und den Inschriften ist zu entnehmen, daß um 256 olympische Spiele mit vierjährigem Intervall eingerichtet werden, die allen Bewohnern des Reiches offenstehen. Zu Beginn des 4. Jhs. n. Chr. wird Pamphylien von Lykien getrennt und zu einer eigenständigen Provinz innerhalb der Diözese Asiana. Für die Instandsetzung ihrer Mauern ehren die Einwohner im ausgehenden 4. Jh. n. Chr. den Kaiser Theodosius I. mit einer Statue. Als Bischofssitz tritt Attaleia ausdrücklich erst auf dem Konzil von Ephesos 431 n. Chr. in Erscheinung. Der unglücklich agierende und schon sehr betagte Bischof Eustathios war zuvor von seinen pamphylischen Amtsbrüdern abgesetzt und aus seiner Vaterstadt verbannt worden. Er bittet um Rücknahme dieser rigiden Maßnahmen, was ihm nur zum Teil gewährt wird. Doch steht er unter Aufsicht seines Nachfolgers Theodoros. Mit Johannes endet 518 n. Chr. die kurze Reihe der namentlich bekannten Bischöfe der Episkopalsstadt. Was in vielen anderen Städten während der Spätantike zu beobachten ist, nämlich eine allmählich fortschreitende Einschnürung der Siedlungsfläche bis zur vollkommenen Auflassung im 7. Jh., trifft für Antalya nicht zu und unterstreicht die Bedeutung des Ortes. 688 n. Chr. siedelt Justinian II. Mardaiten an, die den Byzantinern zuvor in der Abwehr der vordringenden Araber hilfreich beigestanden hatten. Diesen gelingt es erst im Jahre 904, die Stadt einzunehmen, freilich nicht auf Dauer. 916 verstärkt Leo VI. daraufhin den Verteidigungsring, und im 9. und 10. Jh. ist die Stadt der Hauptort des schon unter Kaiser Heraklios (610–641) eingerichteten Militärbezirkes Kibyraioton und zugleich einer der bedeutendsten militärischen Standorte des byzantinischen Reiches. Daß die Siedlung, längst zur wichtigsten Hafenstadt der Südküste avanciert, dabei kräftig prosperiert, darf man u.a. wohl auch aus den Angaben des arabischen Geographen Ibn Hauqal ableiten, der Hafen habe allein an Gebühren über 100 Pfund Gold jährlich erwirtschaftet. Nicht von ungefähr verleiht Kaiser Alexios I. Komnenos 1084 der Stadt den Titel Metropolis, die aber schon bald unter dem Druck der seldschukischen Sultane von Rum gerät und ein Jahr später eingenommen wird. 1120 gelingt es der byzantinischen Streitmacht noch einmal, die Stadt zurückzuerobern. Während dieses Intermezzos besteigt u.a. der französische König Ludwig VII. anläßlich des verhängnisvollen zweiten Kreuzzuges, der 1147 beginnt, in Attaleia ein Schiff. Erneut wird die Stadt Opfer von Eroberern, dieses Mal seitens des Florentiners Aldobrandini, der selbst 1207 wiederum dem seldschukischen Sultan Kaihusrau I. weichen muß. Die Seldschuken bauen die Hafenstadt zu ihrem Hauptstützpunkt am «Blauen Meer» aus und knüpfen über See weitreichende Handelsbeziehungen, u. a. auch zu Venedig. Wirtschaft und Kultur erblühen in nie gekanntem Maße. Ein erhalten gebliebenes Beispiel der großartigen seldschukischen Baukunst ist das aus zum Teil glasierten Ziegeln, erbaute Minarett, das wegen seiner Bündelform auch das geriefte Minarett, «Yivli Minare», genannt wird und die Altstadt so eindrucksvoll überragt. 1308 erlischt die seldschukische Dynastie, und den Großteil des 14. Jh. erlebt Antalya oder auch Adalia unter dem Regiment der Emire der Hamid-Oğulları von Eğridir. Sie verstärken noch den Seehandel mit der Levante, Ägypten und der Ägäis. 1332 macht der arabische Weltreisende Ibn Battuta hier Station und hinterläßt der Nachwelt ein Bild der Stadt in seinen Reisebeschreibungen. Die Pracht der mit einer doppelten Mauer geschützten Metropole muß ihn stark beeindruckt haben, so daß er, der weitgereist war und viel gesehen hatte, sie zu den schönsten Städten überhaupt rechnet. Und noch einmal wechselt in diesem Jahrhundert das Regime. Von 1361–1373 halten die Zyprioten unter Pierre de Lusignan die Stadt besetzt. Mit der Okkupation durch Sultan Bayezid I. um 1397–1399 schließlich beginnt die osmanische Epoche Antalyas, die zugleich den wirtschaftlichen Niedergang der Stadt einleitet, da der Ägäishandel mit anatolischem Getreide unterbunden wird und der militärische Festungsgedanke dominiert. Die Aktivitäten richten sich u. a. auf den Bau von Kriegsschiffen, so daß eine sehr produktive Werftindu-

Abb. 100 Antalya, Blick von Südwesten auf die Befestigungsmauer an der Ostseite des Hafens.

Abb. 101 Antalya, Hıdırlık Kulesi, römischer Grabturm, der später als Befestigungsturm in der südlichen Stadtmauer diente.

strie entsteht. 1402 erreicht der verheerende Eroberungsfeldzug des Mongolenherrschers Timur auch Antalya. Der Sultan gerät in Gefangenschaft, und die Stadt wird geplündert, wobei die Mongolenhorden unvorstellbare Grausamkeit und Zerstörungswut walten lassen. Man kann sich nur vorstellen, welche Reichtümer den Plünderern in die Hände fallen. 1415, unter Mohammed I., wird Antalya zum zweiten Mal durch die Osmanen erobert und nun endgültig Teil ihres Reiches, das faktisch 1918, offiziell mit Ausrufung der Republik 1923 enden wird. In den auf die osmanische Rückeroberung folgenden Jahrhunderten büßt Antalya seine ehemals glanzvolle Rolle gänzlich ein, und auch die Bevölkerungszahl geht zurück. Um die Mitte des 19. Jhs. werden aber schon wieder 15 000, 1947 sogar 25 000 Einwohner gezählt. Heute sind es mehr als 500 000.

Sich genauere Vorstellungen von dem Aussehen der Stadt in den verschiedenen Epochen ihres Bestehens zu machen, gelingt nur für die jüngste Phase, und wer sich aufmacht, die Spuren der antiken Vergangenheit Antalyas zu entdecken, wird vielleicht ein wenig enttäuscht sein. Die dichte Besiedlung gebietet dem Forschungsdrang der Archäologen Einhalt. Sicher darf man sein, daß sich die Kaleiçi, begrenzt durch die Straßenzüge Cumhuriyet Caddesi und Atatürk Caddesi sowie die Wasserlinie, im wesentlichen mit dem antiken Stadtareal deckt, das mehr als 80 ha groß ist. Ziehen uns an vielen anderen antiken Plätzen Kleinasiens imposante Ruinen in ihren Bann, so treffen wir hier auf wenig Vergleichbares. Tempel, Theater, Rennbahnen, Marktplätze, Säulenstraßen, Bäder und Nekropolen und vieles mehr hat es natürlich auch hier gegeben, nur ist nichts davon lokalisiert. Es ist das besondere Schicksal kontinuierlich besiedelter Städte, daß fast alles in der Zeitenfolge abgerissen, zerlegt und neu verbaut wird, und wer aufmerksam durch die Altstadt geht, sieht allenthalben antike Spolien in Haus- und Mauerwänden oder als dekorativen Zierat aufgestellt in Rezeptionen und Gärten der Pensionen und Restaurants. Das wenige Erhaltene hängt zusammen mit der eindrucksvollen Verteidigungsmauer, die in ihren ältesten Bestandteilen wohl noch Hellenistisches birgt, in ihren jüngsten Bereichen aber aus osmanischer Zeit stammt und bis in den Beginn unseres Jahrhunderts in komplettem Zustand ihre Dienste leistet. An ihrem tiefsten Punkt flankiert sie beiderseitig die ca. 200 m breite Hafeneinfahrt. In der Epochenfolge ausgebessert, ergänzt, erneuert und umgestaltet, beginnt man 1914, den Mauer-

101

ring niederzureißen, so daß dieser heute nur noch in Teilen erhalten ist. Eine Bauaufnahme in den 80er Jahren des 19. Jhs. zählt mehr als 50 Türme, unter diesen auch der heute als Treffpunkt so beliebte «Uhrturm», außerdem sieben weitere Tore. Der wohl auffälligste Bestandteil dieses Befestigungsringes ist das weithin bekannte Hadrianstor, sicher zu datieren in die Zeit nach 129 n. Chr. und integriert in den dem Hafen abgewandten Ostteil der Stadtmauer, bedrängt durch zwei Türme. Der knapp 18 m breite und 8 m hohe Bau aus Marmor, wegen seiner drei ungeschützten Durchgänge ohne fortifikatorischen Wert, trug einst eine Ehreninschrift aus vergoldeten, applizierten Bronzebuchstaben, dem Kaiser zum Gruß, als dieser, wohl 131 n. Chr., über den Landweg kommend die Stadt betritt. Römischen Ursprungs ist auch ein runder 14 m hoher Grabturm, Hıdırlık Kulesi, an der Südwestbegrenzung der Stadtmauer gelegen. Die 12 reliefierten Fasces, welche die Tür flankieren, weisen als Amtsinsi-

gnien wohl auf den konsularischen Rang des Grabinhabers hin. Später zu einem Befestigungsturm umfunktioniert und in die Landmauer einbezogen, wird der Bau, gelegentlich mit dem Mausoleum Hadrians in Rom verglichen. Das Grabmonument zeigt überdies an, wo in römischer Zeit sich Stadt- und Nekropolengebiet voneinander schieden. Fast auf der Verbindungslinie beider Bauwerke, liegt im Südteil der Stadt eine heute immer noch stark ruinöse fünfschiffige Basilika, die unter Verwendung älterer Bauteile im 5. Jh. errichtet wird und der Gottesmutter geweiht ist. Die Kirche wird in seldschukischer Zeit in eine Moschee umgewandelt. Namengebend ist deren abgebrochenes Minarett, Kesik Minare, angeblich durch Blitzschlag herbeigeführt. Auch diesem ebenso christlichen wie islamischen Monument sollte ein Wiedererstehen vergönnt sein, womit die Stadt ein Zeichen für das friedliche Miteinander zweier großer Religionen setzen könnte.

Perge

Die Stadt der großen Herrin Artemis

von Wolfram Martini

Durchquerte der Besucher in der Zeit des Kaisers Hadrian, im 2. Jh. n. Chr., das aus hellenistischer Zeit stammende monumentale Stadttor von Perge mit seinen beiden gut 20 m hohen, rustikalen Rundtürmen, das heute noch als Wahrzeichen von Perge gilt, so gelangte er in einen weiten, von gleißender Marmorpracht erfüllten Hof. Aus den 28 Nischen der über 10 m hohen Schauwände, deren weißer Marmor den Betrachter bei Sonnenlicht blendete, blickten Statuen zahlreicher Gottheiten und der Begründer von Perge auf den Besucher herab und kündeten von dem Reichtum und der langen geschichtlichen Tradition der blühenden Stadt, die zeitweilig den Rang der ersten Stadt in der fruchtbaren Landschaft Pamphylien mit ihren mächtigen wasserreichen Flüssen innehatte.

Es waren darunter golden glänzende Bronzestandbilder der reichsten Familie der Stadt, der Plancii, unter denen sich Magna Plancia als freigiebigste Mäzenin durch die Stiftung öffentlicher Bauwerke und auch durch die kostbare Ausstattung dieses Entrées ihrer Heimatstadt besonders ausgezeichnet hatte. Ihnen gegenüber waren die mythischen Gründer von Perge versammelt: griechische Helden aus den verschiedensten Städten Griechenlands, die nach dem Trojanischen Krieg Perge und auch Pamphylien, das «Land aller Stämme» gegründet hatten. Als Ahnen einer heroischen Vergangenheit sollten sie die Bürger und Besucher an die ruhmreiche Tradition von Perge beim Eintritt in die Stadt erinnern.

Diesem Entrée folgte das prachtvolle dreibogige Prunktor zu Ehren Hadrians, das den Zugang zur einzigartig gestalteten Hauptverkehrsader eröffnete. Gut 6 m hohe Säulenhallen, hinter denen sich die einzelnen Geschäfte und Büros reihten, säumten auf 500 m Länge den 20 m breiten Straßenraum, der durch die endlose, 3,50 m breite Folge von Becken mit fließendem Wasser in zwei gepflasterte Fahrbahnen von je 8 m Breite getrennt wurde. Dank des Gefälles der Straße plätscherte das Wasser in kleinsten Wasserfällen von einem Becken zum nächsten und gewährte dem hofartigen Boulevard mit seinen schattigen Säulengängen zu beiden Seiten ein angenehmes Mikroklima. Von dieser Hauptstraße führten bescheidenere Säulenstraßen zu dem von Granitsäulen umgebenen Delikatessmarkt, der monumentalen Palästra, den mächtigen verzweigten Thermen, den dicht bebauten Wohnvierteln oder den Nekropolen mit dicht gedrängten Grab-

Abb. 102 Camilla Daxner, Öl auf Leinwand 120 x 90 cm. Perge, Arkaden mit Ziege; Februar 1998. Besitz der Künstler.

Abb. 103 Siegmund Daxner, Kohlestift auf getöntem Papier 12 x 17,2 cm. Perge, Blick auf die Akropolis, davor das Nymphäum; Oktober 1997. Besitz der Künstler.

Abb. 104 Perge, die Überreste des Nymphäums am Fuße der Akropolis.

Abb. 105 Perge, Blick von Süden in die Säulenstraße.

Perge – Die Stadt der großen Herrin Artemis

bauten und Sarkophagen außerhalb der hohen Stadtmauer.

Ihren Endpunkt markierte das zweigeschossige, mit üppigem Bauornament geschmückte Nymphäum am Ende der Säulenstraße, in dem das Wasser unter der gelagerten Marmorstatue des mächtigen Kestros in einem breiten Wasserfall herabstürzte: Denn der antike Kestros war als der wasserreichste Fluß Pamphyliens nicht nur Symbol der segenbringenden landwirtschaftlichen Fruchtbarkeit, sondern auch des Handels, da Menschen und Waren vorzugsweise auf dem Schiffsweg Perge vom 12 km entfernten Meer aus erreichten, wie uns der antike Kulturhistoriker Strabon berichtet.

Das Nymphäum war jedoch nicht das Ziel der Hauptstraße, sondern der sich dahinter abrupt erhebende Tafelberg mit seinen markanten steilen Flanken. Die bogigen Durchgänge des Nymphäums eröffneten dem Betrachter eine völlig andere Welt. Anstelle des gleißenden weißen Marmors oder spiegelnden Granits der eleganten, schattig kühlen Säulenhallen empfing ihn jetzt eine grandiose Befestigung, ein unübersichtliches Gefüge gewaltiger Mauern aus großen rustikalen Blöcken mit uneinsehbaren Pforten, das bis an den oberen Rand des Tafelbergs reichte und in dem sich sengende Hitze in den Sommermonaten staute.

In gleicher Weise wurde der Besucher der Akropolis nach der nicht minder prachtvollen 200 m langen Säulenstraße vom Hafen aus am Fuß der Akropolis in die schmucklos steinerne Befestigung geleitet und zwischen den hohen Mauern auf einer 17 m breiten gepflasterten Fahrstraße auf die Akropolis geführt. Schritt er weiter auf der Hauptstraße entlang, empfing ihn zu seiner Rechten eine 100 m lange Folge von größeren und kleineren, in den Fels teils natürlich, teils künstlich eingetieften Nymphäen mit reichem Schmuck an Weihgaben aller Art, deren Quellen und Wasserbecken nach dem heißen Aufstieg angenehme Kühle spendeten und der Akropolis eine sakrale Aura verliehen, bevor sich auf dem Plateau die Oberstadt mit der Agora, anderen öffentlichen Bauten und den Wohnhäusern ausbreitete. Diese konstruktiv höchst aufwendige, durch Wehrgänge geschützte und ungewöhnlich breite Straße auf die Akropolis war eine Prozessionsstraße, deren Ziel zweifellos das berühmte und reiche Heiligtum der Schutzgöttin von Perge, der vorgriechischen Vanassa Preiia oder späteren Artemis Pergaia war. Doch bis heute hat die Akropolis trotz 50jähriger Suche den genauen Ort der überregionalen Verehrung der großen Herrin nicht preisgegeben.

103

104

105

Sillyon

Die Naturfestung und die Naturgewalt

von Wolfram Martini

Aus der sanft modellierten pamphylischen Schwemmlandschaft mit ihren vor allem im Osten mächtigen Travertinterrassen hebt sich vor der majestätischen Kulisse des hoch aufragenden Taurusgebirges der 270 m hohe Tafelberg von Sillyon weithin sichtbar heraus. Ständige Abstürze von Teilen des Plateaurands aufgrund von Erdbeben und Erosion, begünstigt durch die Schwächung des Gesteins durch zahllose bis zu 7 m tiefe und 4–5 m breite birnen- oder flaschenförmige Zisternen, haben die einst steilen Flanken des Bergs gemildert; dennoch hat dieser von Natur aus befestigte Platz seit prähistorischer Zeit immer wieder die Aufmerksamkeit von Siedlern auf sich gezogen und zur permanenten Besiedlung bereits vor der Ankunft der Griechen in Pamphylien geführt. Selbst Alexander dem Großen konnten die Bewohner von Sillyon erfolgreich trotzen; angesichts der fast unüberwindlichen Schwierigkeiten einer Eroberung zog er ohne militärische Aktionen weiter.

Wer heute den direkten Aufstieg auf das Plateau an der Südwestseite am Stadion vorbei, das in der Kaiserzeit außerhalb der Befestigung ungefährdet erbaut werden konnte, durch das untere Stadttor hellenistischer Zeit mit dem späteren runden Vorhof wählt, wird Alexander verstehen können. Steil führt die Trasse des antiken Aufgangs an einer gewaltigen Bastion und noch eindrucksvolleren Felswänden vorbei durch ein ausgebautes Felsentor. Die großformatigen Fortifikationsbauten aus grau verwittertem lokalen Gestein, die mit mehrfachen Toren, Türmen und Kurtinen den etwas sanfteren Westhang des Berges vielfach sichern, verschmelzen mit den teilweise senkrechten Felshängen und verleihen dem Berg auch wegen seines kargen Bewuchses abweisenden Charakter. Abweisend wirkt auch das wehrhafte Kastell eines seldschukischen Kommandanten mitten auf dem Plateau, der in der Nachfolge frühbyzantinischer Bischöfe erkannt hatte, daß kein anderer Platz im pamphylischen Binnenland eine ähnlich uneinnehmbare Festung bot.

Die Geschichte von Sillyon, das nie zu großer Bedeutung in Pamphylien gelangte, und über das daher die antiken Quellen weitgehend schweigen, führt jedoch viel weiter in die Vergangenheit zurück. Die Existenz einer eigenständigen Polis nach griechischem Vorbild mit säulengeschmückten Tempeln, repräsentativen Kommunalbauten und dicht gereihten Wohnhäusern erschließt sich aus den von hohem Buschwerk überwachsenen Mauerresten; darüber hinaus dokumentiert die berühmte pamphylische Inschrift an einem Gebäude klassischer Zeit eine kommunale Polisverfassung nach griechischer Art, während der auf Münzen erhaltene Stadtname Selyviys auf eine vorgriechische Siedlung auf dem unbezwinglichen Tafelberg hinweist.

Gefährlicher für Sillyon war und ist jedoch die Bedrohung durch die Naturgewalten, von denen bereits antike Reparaturen und Schutzmaßnahmen an den Wohnhäusern zeugen, die – um die begrenzte Fläche des Plateaus zu nutzen – bis dicht an dessen Rand reichten. Ein besonders drastisches und erschreckendes Beispiel für die fortschreitende Zerstörung bietet das in diesem Jahrhundert vollends in die Tiefe gestürzte römische Theater. Bühnengebäude, Orchestra und fast der gesamte Zuschauerraum sind buchstäblich abgebrochen, rund 100 m tiefer am Hang zerschellt und vom nachstürzenden Gestein begraben worden. Tiefe Spalten, bis zu 30 m vom Rand entfernt, sind Vorboten künftiger Abstürze, von denen auch die zahlreichen riesigen Felsbrocken, häufig mit Spuren ehemaliger baulicher Nutzung, an allen Seiten des Burgbergs von Sillyon künden.

Abb. 106 Camilla Daxner, Eitempera 30 x 40 cm. Sillyon, Westteil des Tafelberges mit Befestigungsanlagen; Oktober 1997. Privatbesitz.

Abb. 107 Sillyon, Blick auf die Südbegrenzung des Tafelberges mit dem römischen Theater. Dessen Bühnengebäude, Orchestra und zum größten Teil auch die Cavea sind infolge Erosion weggebrochen und abgestürzt.

107

Aspendos
Und die römische Leidenschaft für das Wasser

von Wolfram Martini

Mit dem Schiff auf dem Eurymedon, einem der großen Flüsse Pamphyliens, der seine Bekanntheit vor allem der siegreichen Schlacht der Athener unter ihrem Strategen Kimon gegen die Perser 465 v. Chr. verdankt, erreichten Reisende und Kaufleute nach 60 Stadien (knapp 12 km) vom Meer aus die am Rand der pamphylischen Küstenebene gelegene Stadt.

Auf halbem Weg querten sie die mächtige für die Handelsverbindung zu Lande zwischen Perge und Side wichtige römische Brücke; an sie erinnert ihr osmanischer Nachfolger mit kühn gespannten, leicht gespitzten Bögen, ein Meisterwerk der Baukunst (Abb. 108).

Auf dem nur knapp 30 m hohen Tafelberg, dessen steil abfallende Flanken ihn jedoch als geschützten Siedlungsplatz hoch über dem Fluß prädestinierten, gründeten bereits im 7. Jh. v. Chr. griechische Kolonisten von Argos eine Siedlung, die allerdings nicht die erste war. An die vorgriechische Vergangenheit von Aspendos erinnert der in Münzbeschriften überlieferte einheimische Name Estvediys, der noch lange in der wechselvollen Geschichte weiterlebte, von der persischen Herrschaft vom 6. bis 4. Jh. v. Chr., nur kurz unterbrochen durch die athenische Vertreibung der Perser nach der Schlacht am Eurymedon, über die Eroberung durch Alexander den Großen und schließlich bis zur Eingliederung in das römische Reich.

Heute nimmt den Besucher von Aspendos hauptsächlich das wunderbar erhaltene römische Theater (Abb. 112) gefangen, das sich an den steilen Hang der Akropolis schmiegt. Der geschlossene, fast 22 m hohe Innenraum, dessen 95 m breite halbrunde Cavea mit ihren zahlreichen steinernen Sitzreihen den Blick der Zuschauer auf den monumentalen Bühnenprospekt mit seinem einst reichen Säulen- und Ornamentschmuck lenkt, grenzt die Außenwelt mit ihrem Lärm und ihrer Hektik völlig ab und schafft eine eigene Atmosphäre, die sich bei den abendlichen Konzerten im Sommer zu voller Wirkung entfaltet.

108

109

***Abb. 108** Siegmund Daxner, Sepiazeichnung, laviert 28,5 x 37,5 cm. Aspendos, die osmanische Brücke; Oktober 1986. Privatbesitz.*

***Abb. 109** Siegmund Daxner, Sepiazeichnung, laviert 28,5 x 37,5 cm. Aspendos, der römische Aquädukt; Oktober 1986. Privatbesitz.*

***Abb. 110** Camilla Daxner, Aquarell 26 x 36 cm. Aspendos, der römische Aquädukt; Mai 1984. Besitz der Künstler.*

***Abb. 111** Die Überreste des Aquäduktes von Aspendos liegen in der Talsenke vor dem Stadtberg. Teile der Druckleitungsstrecke sind im Bild zu sehen. Diese Bauwerksreste sind bis zu 30 m hoch erhalten (s. ausführlichen Bericht in AW 1 [1999] 1 ff.).*

110

111

Auf dem flachen, durch tiefe Schluchten zerrissenen Plateau der Akropolis zeugen zwei monumentale Bauten von der einstigen Blüte der Stadt aufgrund ihrer unerschöpflichen Saline und ihrer landwirtschaftlichen Produkte wie Olivenöl, Getreide und wild wachsende Wolle. Während die über 100 m lange Marktbasilika dem Umschlag der Waren diente, veranschaulicht das andere Bauwerk, eine monumentale Schaufassade von 35 m Länge und 15 m Höhe, die allgemein römische, im heißen Pamphylien besonders ausgeprägte Leidenschaft für das Wasser und hier speziell den repräsentativen Anspruch auf den Luxus des Angebots von kühlem und sauberem Quellwasser. Marmorne Statuen und Säulen sowie überreiches Bauornament unterstrichen die hohe Bedeutung des in große Becken sprudelnden frischen Wassers für die Aspendier. Dieses reich geschmückte, kostbar ausgestattete Nymphäum ist aber nur der festlich-pompöse Abschluß einer besonderen Ingenieursleistung, eines Aquädukts, der das in einem unterirdischen Kanal aus den nordwärts gelegenen Ausläufern des Taurusgebirges gewonnene kühle Wasser auf die Akropolis von Aspendos leitete (Abb. 109–111).

Es galt von dem Gebirgsausläufer aus eine Niederung von über 1 km in einer Höhe von bis zu 45 m zu überbrücken, ein Bauvorhaben, das ungeheure Mengen an Baumaterial forderte und durch seine gewaltigen Baumassen hohe Anforderungen an den seichten Baugrund stellte. Der unbekannte Ingenieur und Architekt wählte eine günstigere, aber technisch anspruchsvollere Lösung nach dem Vorbild der Druckleitung bei Pergamon. Durch die Niederung führte er einen Aquädukt in der für die Überbrückung erforderlichen Mindesthöhe von maximal 14 m, der nebenbei als gut 5 m breite Brücke die Talüberquerung trockenen Fußes ermöglichte. Auf dem festen Grund der Gebirgsausläufer und des Sockels der Akropolis hob er an beiden Enden die Wasserleitung auf kühn gestaffelten Bögen nochmals um 30 m an, um ein etwas höheres Niveau als das der Akropolis zu erreichen, zugleich knickte er den Verlauf des Aquädukts mit Rücksicht auf den Baugrund in diesen «hydraulischen Türmen». In einer geschlossenen, nur an den Höchstpunkten belüfteten Druckleitung stürzte das Wasser bergseitig 30 m auf die Talbrücke hinab und stieg nach dem Prinzip der kommunizierenden Röhren nahe der Akropolis wieder auf, stürzte erneut ca. 15 m hinab und stieg an der Nordseite der Akropolis wieder so hoch, daß das Nymphäum gespeist werden konnte. Als prachtvoller Abschluß des angrenzenden Forums verbreitete das Nymphäum Kühle, dokumentierte die kommunale Leistungsfähigkeit der Aspendier und diente vermutlich auch der Trinkwasserversorgung, obwohl sich der Mittelpunkt des privaten Lebens in römischer Zeit in die Unterstadt mit dem Theater, dem Stadion und den beiden Thermenanlagen verlagert hatte.

Abb. 112 Aspendos, Blick auf den monumentalen Bühnenprospekt des römischen Theaters aus dem 2. Jh. n. Chr.

Side

Vom Genius der Geschäftstüchtigkeit

von Johannes Nollé

Für den romantisch gestimmten Reisenden, der auf der Suche nach heroischen Landschaften Side besucht, ist es seit zwei Jahrzehnten zunehmend schwerer geworden, in dem pulsierenden Leben des sich mondän gebenden Seebades die antiken Wurzeln der uralten pamphylischen Stadt zu entdecken. Der Besucher findet sich bald in einem Gewirr von Ladenstraßen wieder, die von Schmuck-, Leder- und Souvenirgeschäften, Restaurants, Pensionen und Hotels gesäumt sind, wo Touristen von fast überall her flanieren und zeitgenössische Sideten versuchen, die Ankömmlinge mehr oder weniger aufdringlich in ihre Geschäfte zu ziehen. Erinnerungen an orientalische Basare kommen auf; ein stimmungsvoller Platz für Antikenliebhaber wie etwa Termessos oder Selge ist Side nicht mehr. Die Reste der Vergangenheit sind spärlich geworden, werden Jahr für Jahr weiter zerstört und müssen noch immer, wenn sich eine günstige Gelegenheit bietet oder schaffen läßt, kommerziellen Projekten und Spekulationen weichen. Goldgräberfieber herrscht in der Stadt, und die Träume vom schnellen Geld, aber auch die enttäuschten Hoffnungen sind in die Gesichter der sidetischen Händler und Kaufleute geschrieben. Die Postkarten stellen fast pflichtschuldig die noch übriggebliebenen antiken Reste heraus: die mit viel Gußbeton wiederaufgerichteten Tempelsäulen an der Spitze der Halbinsel, das Theater mit der beeindruckenden byzantinischen Mauer, außerdem die rekonstruierten Thermen, in denen das Museum untergebracht ist, und das halb vom Flugsand begrabene Osttor der hellenistischen Stadtmauer. Schließlich kommen die Touristen, wenigstens einige von ihnen, auch der alten Bauten wegen in die Türkei. Fast alle werfen, wenn es im Programm der von ihnen gebuchten Tagesausflüge vorgesehen ist, einen Blick in das Theater von Side oder schlendern mehr oder weniger gelangweilt durch das Side-Museum, mit dessen schönen Ausstellungsstücken sie meist nicht sehr viel anfangen können. Wir lassen uns jedoch nicht täuschen: Side ist nicht mehr wie noch zu Anfang des Jahrhunderts eine romantische Ruinenstätte, in die muslimische Fischer, die von Kreta umgesiedelt wurden, ihr kleines Dorf Selimiye hineinbauten. Auf der markanten Halbinsel, die

Abb. 113   Camilla Daxner, Aquarell 28 x 38 cm. Side, byzantinische Basilika; Oktober 1986. Privatbesitz.

114

sich ins Pamphylische Meer vorstreckt, steht heute eine lebendige, rasch wachsende Stadt, die jetzt – wo die Überreste aus der Antike auf wenige, einsam aus dem Gewirr der Häuser aufragende Reservate beschränkt sind – nicht mehr Selimiye heißt, sondern wieder ihren antiken Namen führt.

In unserer romantischen Ruinenverklärung sind wir ungerecht und unrealistisch zugleich. Die heute in der Türkei lebenden Menschen wollen Gewinne aus dem Tourismus ziehen und sich auch einen bescheidenen Anteil an dem Reichtum Europas und Amerikas sichern. In einem Land, das seit vielen Jahrtausenden Heimat zahlreicher Kulturen war und mit historischen Stätten geradezu übersät ist, können nicht alle Überreste der Vergangenheit, so wünschenswert das auch wäre, bewahrt werden. Und ganz gewiß ist unser Blickwinkel nicht jener der alten Sideten, die in der Antike auf der Halbinsel lebten. Sie hätten wenig Verständnis für unsere beschauliche Ruinenromantik gehabt, in der wir ihre Stadt konservieren wollen. Ihre Bewunderung hätte sicher mehr dem agilen Treiben ihrer merkantil versierten Erben gegolten.

Side ist nämlich in der Antike durch die Jahrhunderte eine Kaufmannsstadt gewesen, und es sind der Handel und das kaufmännische Geschick seiner Menschen gewesen, die die Stadt aufblühen ließen und bedeutend machten. Schon früh hatte die sich in das Meer vorschiebende Halbinsel Siedler angezogen. Sie liegt nämlich am Ostende der äußerst fruchtbaren pamphylischen Ebene, von wo aus das Schwemmland des Melas (des heutigen Manavgat) leicht zu kontrollieren und bequem zu kultivieren war. Die Halbinsel ließ sich zum Land hin durch eine Mauer absperren und bot Seefahrern auf dem unberechenbaren, oft stürmischen Pamphylischen Meer einen sicheren Hafen. Alle Seereisenden, die zwischen Ost und West verkehrten, kamen an Side vorbei, und die meisten von ihnen werden dort angehalten haben. Mit ihnen ließen sich gute Geschäfte machen, da Side über eine Palette von begehrten agrarischen Produkten, wie Getreide, Leinen, Holz und Öl verfügte. Darüber hinaus kamen Holz und Pharmaka aus den Bergregionen des Taurusgebirges; viele andere gesuchte Waren aus Inneranatolien wurden über die Berge nach Side transportiert, um dort verhandelt und verschifft zu werden. Die Stadt, die anscheinend zu den ältesten Städten des östlichen Mittelmeerbeckens gehörte und einer literarischen Überlieferung nach bereits im Jahre 1405 v. Chr. gegründet wurde, dürfte sich schon bald zu einem überdimensionalen Fondaco entwickelt haben, in dem westliche Kauffahrer aus Griechenland und östliche aus der Levante zusammentrafen, sich aber auch Ägypter, Zyprioten und die Handeltreibenden aus dem Inneren Kleinasiens einfanden. Es wundert nicht, daß die Sideten zu den ersten der Region gehörten, die die weltverändernde griechische Errungenschaft des Münzgeldes aufgriffen. Etwa um die Mitte des 5. Jhs. v. Chr. begannen im östlichen Mittelmeerraum sidetische Silbermünzen umzulaufen, die auf der Vorderseite das Wappen der Stadt, den Granatapfel, trugen, auf ihren Rückseiten aber die Stadtgötter Athena und Apollon zeigten. Die Münzbilder orientierten sich an der griechischen Kunst, doch setzten die Sideten nach einigen legendenlosen Emissionen bald den Namen ihrer Stadt in Sidetisch hinzu. Die Bürger Sides waren nämlich ein mit den Hethitern verwandtes kleinasiatisches Volk, das sich bis in die hellenistische Zeit einer eigenen anatolischen Schrift und Sprache bediente. Allmählich wurde die Stadt hellenisiert. Die wendige und vorausschauende Führungsschicht Sides faßte anscheinend schon bald die neuen und weitreichenden Möglichkeiten ins Auge, die griechische Zivilisation und Kultur boten. Insbesondere die weltoffenen sidetischen Kaufleute werden schon recht bald erkannt haben, daß die Zukunft des östlichen Mittelmeerraumes von der griechischen Kultur bestimmt sein würde. Damit war das Schicksal der einheimischen Sprach- und Schrifttradition besiegelt: Etwa im 2. Jh. v. Chr. dürfte Sidetisch in Side selber ausgestorben sein. Sides frühe Münzen liefen im gesamten östlichen Mittelmeerraum um. Eines dieser Geldstücke ist in einem Schatzfund vom Ende des 5. Jhs. sogar im afghanischen Kabul gefunden worden! Sides Geld und seine Kaufleute agierten aber nicht nur im Osten, sondern auch im Westen. Im Athen des frühen 4. Jhs. v. Chr. erlangten sie wegen ihrer Geschäftstüchtigkeit und schlitzohrigen Schlauheit schon bald einen üblen Ruf. Ein bekannter Spötter stellte einmal die Frage, wer die größten Schufte unter den Pamphyliern seien – und gab darauf selber die Antwort: Die Phaseliten seien die größten Gauner Pamphyliens, die Sideten aber der Welt. Für die ausgefuchsten Kaufleute Sides bildete schon nicht mehr das übel beleumundete Pamphylien den Hintergrund; ihr Gewinnstreben und ihre Skrupellosigkeit hatten Weltniveau!

In den Wirrnissen der hellenistischen Zeit verstanden die Kaufleute Sides es glänzend, ihre Stadt unbeschadet durch die beinahe alltäglichen Konflikte der Groß- und Kleinreiche zu steuern und dabei obendrein noch gut zu verdienen. Offenbar mischten die Handelsherren energisch und zielstrebig im Rüstungsgeschäft mit, indem sie im gebirgigen Lykien, Pisidien und Lykaonien – wo von alters her äußerst harte und strapazengewohnte Söldner rekrutiert wurden – Kämpfer anwarben und sie an hellenistische Könige und Usurpatoren vermittelten. Wahrscheinlich sorgten sie auch für deren Ausrüstung – was dem Handwerk der Stadt zugute gekommen sein dürfte – und leisteten schließlich noch Finanzierungshilfe, indem sie das für die Besoldung der Söldner nötige Münzgeld produzierten. Das hellenistische Geld Sides, insbesondere die Tetradrachmen mit dem schönen Athenakopf auf der Vorderseite und der Siegesgöttin auf der Rückseite, war eine beliebte Münze, mit der kleinasiatische Söldner sich gerne entlohnen ließen – besonders dann, wenn sie vorhatten, wieder in ihre Heimat, in die Taurusberge rund um Side, zurückzukehren. Sides hellenistische Silberlinge wurden aber auch zur Stütze eines ausgedehnten Handels. Für fast 150 Jahre waren die sidetischen Silberstücke eine Art Dollar des östlichen Mittelmeerraumes.

Side muß in dieser Zeit geblüht haben und ein reiches wie auch glanzvolles Zentrum des südlichen Kleinasiens gewesen sein. An die einstige Pracht erinnert heute nur ein kleines, in den letzten Jahren durch Bauten stark beeinträchtigtes Stück der hellenistischen Mauer, die nicht nur nach den damals neuesten Erkenntnissen der Befestigungstechnik errichtet worden war, sondern in ihrer aufwendigen und auf Wirkung abzielenden Konstruktion auch zum Prestige der Stadt beitragen sollte. Aber Sides Stadtväter setzten mehr auf Diplomatie als auf Wehrhaftigkeit. Selbst in den unsicheren Zeiten des 1. Jhs. v. Chr., als die Piraten die Meere beherrschten, fanden sie sich zurecht. Sie arrangierten sich mit den Korsaren und verkauften in ihrer Stadt die Gefangenen der Freibeuter als Sklaven. Side war in dieser Zeit offenbar ein bedeutender Markt für Menschenware. Die Säuberung des Mittelmeers von der Piratenplage durch Pompeius schuf neue Verhältnisse, auf die sich die wendigen Sideten anscheinend wiederum ohne Schwierigkeiten einstellten. Sie feierten Pompeius als Befreier und setzten ihm voller Dankbarkeit in ihrer Stadt ein Denkmal!

Abb. 114 Side, Blick aus der Cavea des Theaters mit dem verstürzten Bühnengebäude auf die Bibliothek und den im Sand begrabenen Ostteil der Stadt.

Abb. 115 Siegmund Daxner, Sepiazeichnung 47 x 32 cm. Side, der kaiserzeitliche Apollontempel, Konsolenfries mit Medusenmasken und korinthisches Kapitell; Mai 1984. Privatbesitz.

Den Aufstieg Roms hatten die Sideten anscheinend schon früh vorausgesehen; an der Belagerung und Eroberung Karthagos um 146 v. Chr. war ein sidetisches Flottenkontingent beteiligt, das sich durch besondere Tapferkeit auszeichnete. Die Sideten verschafften sich, als der Stern des Seleukidenkönigs Antiochos (des III., des Großen) zu sinken begann, mächtige römische Freunde. Nicht nur den jüngeren Scipio, sondern auch Marcus Antonius (den Großvater des gleichnamigen Augustusgegners), Publius Servilius Isauricus, Pompeius und Cicero konnten die Sideten offenbar für sich einnehmen. Wo Worte nicht überzeugten, dürften die Schätze des Orients bei den römischen Feldherrn und Unterhändlern ihre Wirkung nicht verfehlt haben. Die zunehmende Abhängigkeit von Rom und den Verlust alter Freiheiten hat die Kaufmannsstadt, da die Annehmlichkeiten von Sicherheit und militärischem Schutz winkten, anscheinend gerne in Kauf genommen. Die Errichtung des Kaiserreiches unter Augustus dürfte von den Sideten begrüßt worden sein: Side setzte damals offenbar auf die vielfältigen wirtschaftlichen Entwicklungsmöglichkeiten, die ein geeinter und gutverwalteter Wirtschaftsraum von derartigen Dimensionen versprach. Überall im Reich schuf der weltweite Friede, die Pax Augusta, ungeahnte Möglichkeiten für die Handeltreibenden. Die Rechnung ging auf: Für nahezu 250 Jahre blühte die Stadt und konnte es sich leisten, ihre öffentlichen Bauten mit importiertem Marmor zu schmücken. Wie Augustus ein aus billigem Steinmaterial gebautes Rom in ein marmornes verwandelt hatte, verblendeten die Bürger Sides in der Kaiserzeit die Konglomeratfassaden ihrer Stadt mit Marmor aus aller Welt. Ein weitausgreifender Handel dürfte eine der wichtigsten Grundlagen für den Wohlstand Sides gewesen sein. Sidetische Kaufleute waren nun häufig in Alexandreia anzutreffen, jener Metropole des Ostens, wo die Reichtümer Ägyptens, aber auch die Produkte des Orienthandels, insbesondere aus Indien, zusammenströmten. Side verkaufte weiterhin die landwirtschaftlichen Produkte seines eigenen Stadtgebiets, insbesondere Olivenöl, das in Ägypten, wo der Ölbaum nicht gedieh, fehlte, und vor allem Holz und Holzprodukte, für die im baumarmen Land am Nil großer Bedarf bestand. Außerdem setzten die Sideten den Menschenhandel fort. Im Wüstensand Ägyptens haben sich zwei Urkunden gefunden, die im Jahr 142 bzw. 151 n. Chr. in der pamphylischen Metropole ausgestellt wurden: Es handelt sich um die Begleitpapiere zweier anatolischer Sklavenmädchen, die auf dem Sklavenmarkt von Side an alexandrinische Kaufleute verkauft worden waren. Diese Papiere verbürgten den Besitzanspruch der neuen Herren und enthielten Garantien, wie etwa, daß die Sklavinnen frei von Epilepsie waren und nicht zum Entlaufen und zur Faulheit neigten. Als die Garantieobjekte tot waren, wurden die Papiere mit anderem Altpapier in die Wüste geworfen, wo sie erhalten blieben und nach ihrer Entdeckung uns über die Geschäfte der Stadt Side Aufschluß geben.

Im Zusammenhang mit den römisch-iranischen Kriegen, die im 3. Jh. n. Chr. um die Vorherrschaft im Osten geführt wurden, gewann Side eine immer größere Bedeutung für die Logistik der römischen Heere. Während andere Regionen und Städte des Reiches deutliche Merkmale des Niedergangs zeigten, verdienten die Sideten wieder einmal nicht schlecht am Geschäft mit dem Krieg. Ein Teil des Soldes wurde in der neuen Etappenstadt ausgegeben. Allerdings war dies eine Herbstblüte. In einer Welt, in der die Handelswege zu Lande und zu Wasser durch die Einbrüche von Iranern und germanischen Stämmen unsicher wurden und in der Plünderungen, verstärkter Abgabendruck, monetäre Probleme und staatliche Gängelungen die ökonomischen Spielräume einengten, mußte der Handel leiden und die Verdienstmöglichkeiten der sidetischen Kaufleute abnehmen. Für we-

Abb. 116   Camilla Daxner, Eitempera 40 x 30 cm. Side, der kaiserzeitliche Apollontempel; Mai 1989. Besitz der Künstler.

Abb. 117   Side, Ruinen der Tempel der Athena und des Apollon auf der Spitze der Halbinsel mit Blick auf den versandeten Hafen.

nigstens 50 Jahre, etwa von 275–325 n. Chr. scheint es den Sideten nicht besonders gut gegangen zu sein. Es gibt eine Reihe von Indizien dafür, daß die Stadt wenigstens vorübergehend ihren alten Lebensstandard verlor. Das mag auch damit zu tun haben, daß zu dieser Zeit der Hafen von Side versandet war und der Schiffsverkehr darunter litt. Das künstliche Hafenbecken an der Spitze der Halbinsel neigte nämlich dazu, sich mit Sand, den der Wind und die Strömung heranführten, aufzufüllen. Die Sandplage war so groß, daß die Mühen der Sideten mit ihrem Hafen sprichwörtlich wurden: «Da ist mir doch der Hafen von Side beschert worden!» war ein geflügeltes Wort der Antike, das Menschen in den Mund nahmen, die sich ständig abmühten, ohne damit bleibenden Erfolg zu erzielen. Die Sideten hatten sich mit dieser Situation abgefunden und die Bedrohung ihrer Lebensgrundlagen als eine Herausforderung verstanden, mit der sie fertig werden konnten und die sie zu immer neuen Leistungen antrieb. Es ist Toynbees Prinzip von «challenge and response», dessen historische Wirkkräfte sich auch an den Sideten und ihrem Hafen vorführen lassen. Erst in den Krisenzeiten am Ende des 3. Jhs. n. Chr. wurden Ermüdungserscheinungen deutlich, und die Hafenreinigungen unterblieben, was die genannten Konsequenzen hatte. Die militärische Bedeutung des Hafens und privates Interesse einer vielleicht noch immer sehr aktiven Kaufmannschaft führten jedoch dazu, daß spätestens in den 40er Jahren des 4. Jhs. n. Chr. der Hafen wieder freigeräumt wurde. In dieser Zeit, der Spätantike, scheint insbesondere das Öl ein wichtiges Exportgut gewesen zu sein. In einem «Handbuch für den Kaufmann», das etwa um die Mitte des 4. Jhs. n. Chr. entstanden ist, wird der Handeltreibende auf die reiche Ölproduktion der pamphylischen Städte hingewiesen. Ein bestimmtes, besonders gutes Öl wurde sogar unter dem Markennamen «Sidetisches Öl» verkauft. Im späteren 4. und 5. Jh. n. Chr. war Side wieder eine recht wohlhabende Stadt. Erst in den unsicheren Zeiten des frühen und hohen Mittelalters ist die auffällig an der Küste gelegene Stadt untergegangen und verödet.

Unternehmungsgeist und Geschäftstüchtigkeit waren in der Geschichte des

117

antiken Side hervorstechende Eigenschaften seiner Bürger. In dieser Tradition stehen auch die modernen Erben der Halbinsel. Fast Symbolwert hat es, daß die große Säulenstraße, die in der Antike von wichtigen Geschäften und Handelsniederlassungen gesäumt war, auch heute wieder die Hauptgeschäftsstraße der Stadt ist. Das ist mediterrane Kontinuität! Es ist weniger die heroische Landschaft als der heroische Unternehmungsgeist der Menschen dieses Ortes, der den «genius loci» dieses Platzes ausmacht.

Allerdings sollten die Erben nicht vergessen, daß das alte Side nicht nur eine ökonomische Größe war, sondern auch eine Stadt, die ein eigenes kulturelles und politisches Gesicht besaß und entwickelte. Die Kaufleute verstanden sich als Bürger, die ökonomische Erfolge und Gewinne auch ihrer Stadt zugute kommen ließen. Sie förderten die Kunst, errichteten schöne öffentliche Bauten, gaben viel Geld aus für Kulte und Feste und fanden sich hin und wieder auch zu sozialen Unterstützungsmaßnahmen bereit. In Side gab es ein Museion, eine Art Universität, in dem vor allem die medizinischen Wissenschaften gepflegt wurden. Bis heute kennen wir die Namen einiger berühmter sidetischer Ärzte. Der Kirchenschriftsteller Philippos, der die Kirchengeschichte des Eusebios fortsetzte,

und der große Jurist Tribonian waren berühmte Söhne Sides. Schon in hellenistischer Zeit hatte die Stadt ein solches kulturelles Niveau erreicht, daß in ihr ein Seleukidenprinz, der spätere König Antiochos VII., erzogen wurde. Auch an diesen Leistungen ihrer Vorfahren müssen sich die modernen Sideten messen lassen. Machen sie sich auch das kulturelle Engagement der antiken Bürger zu eigen, braucht uns um die letzten Zeugnisse der Antike in der Stadt nicht angst zu sein. Wenn die heutigen Geschäftsleute und Handeltreibenden Sides den Wert und die Bedeutung von Erinnerungskultur für die eigene Identität erkennen, wenn auch sie sich auf die Suche nach den idealen Formen der Lebensgemeinschaft Stadt machen und wenn sie sich um die Schaffung von humanistisch geprägten Lebensverhältnissen bemühen, dann lebt selbst bei geschwundener Ruinenpracht der Geist der Antike in dieser Stadt weiter. Dann sind die sidetischen Altertümer auf den bezaubernden Aquarellen von Camilla und Siegmund Daxner keine Beschwörung sidetischer Vergangenheit und kein Abgesang auf den Untergang der Antike in dieser Stadt, sondern Symbole für die kontinuierliche Gültigkeit antiker und abendländischer Werte in der zu neuer Geschäftigkeit erwachten Stadt auf der Halbinsel im Pamphylischen Meer.

Galatien

Ankara
Metropole der modernen Türkei – zentraler Ort des alten Anatolien

von Karl Strobel

Blickt man auf die Kohlestiftzeichnung aus Ankara, so könnte man die heutige, ausufernde Millionenstadt mit ihrem immerwährenden Verkehrschaos für einen malerischen, beschaulichen Ort halten, überragt von seiner Burg und charakterisiert durch die (nur selten gegebene) Beschaulichkeit des Museums für Anatolische Zivilisationen in seinem gut restaurierten Baukomplex. In später osmanischer Zeit war Ankara, oder besser Angora, wie es bis 1930 hieß, eine eher vom Verfall geprägte kleine Landstadt Zentralanatoliens, die erst durch den Bau der Bagdadbahn wieder Anschluß an die Außenwelt fand. Ihre Entwicklung zur Machtmetropole der modernen Türkei begann, als Mustafa Kemal Pascha (Atatürk) die weit genug vom Einfluß der Ententemächte und vom neugriechischen Hirngespinst eines neuen Alexanderzuges entfernte Stadt am 27. 12. 1919 zum Mittelpunkt der nationalen Bewegung wählte und 1920 zur Hauptstadt machte. Die Bevölkerung wuchs seitdem sprunghaft an.

Das alte Ankara, das altanatolische, antike und byzantinische Ankyra, hatte nie eine Mittelpunktsfunktion für ganz Anatolien gehabt. Erst als es 25/4 v. Chr. bei der Annexion des Reiches des letzten Tetrarchen aller Galater und pisidischen Königs Amyntas durch Augustus zum Hauptort der neuen Großprovinz Galatia wurde, die wesentliche Teile des mittleren Anatolien umfaßte, und hier der zentrale Kaiserkult und der Sitz des Koinon, des Provinziallandtages, der Galater eingerichtet war, hatte Ankyra für Zentralanatolien die Stellung einer Metropolis erlangt. In byzantinischer Zeit setzte sich seine Zentralortsfunktion fort, als es mit der Ausbildung der Themen-Gliederung des byzantinischen Reiches Hauptstadt des Thema (Militärbezirk) Opsikion und damit Sitz des ranghöchsten Militärbeamten des Reiches wurde. Nach der Teilung des Großthema Opsikion ist sie dann Sitz des Strategen des neu gebildeten Thema Bukellarion.

Im Zentrum des alten Ankyra lag immer der steil aufragende Burgberg, die auf steilen Felsen gelegene Oberstadt bzw. Zitadelle, an deren West- und Südwestflanke sich eine Hangstadt herabziehen und eine Unterstadt vorlagern konnte. Da diese Bereiche stets besiedelt blieben, ist unser archäologisches Wissen über das vorrömische Ankyra sehr begrenzt. Jedenfalls ist es keine phrygische Neugründung, wie von der griechischen Überlieferung berichtet. Der Platz war bereits in prähistorischer Zeit aufgesucht und hatte zumindest in hethitischer Zeit sicher städtischen Charakter. Das lange beschworene «Dunkle Zeitalter» Anatoliens zwischen dem Ende des hethiti-

Abb. 118 Siegmund Daxner, Kohlestift auf getöntem Papier 17,2 x 12 cm. Ankara, Blick auf die Befestigungen der Oberstadt/Zitadelle; Juni 1998. Besitz der Künstler.

Abb. 119 Ankara, die bugförmigen Fünfecktürme der Zitadelle.

120

schen Großreiches von Hattuša, das sich heute als innerer Zusammenbruch der herrschenden Dynastie im 11. Jh. v. Chr. darstellt, und dem großartigen Aufstieg des Reiches der Phrygerkönige von Gordion im 9./8. Jh. v. Chr. löst sich angesichts der jüngsten Grabungsergebnisse in Wohlgefallen auf. Während die altanatolische Welt insbesondere in den aus dem hethitischen Großreich hervorgegangenen, luwisch-sprachigen Nachfolgestaaten bewahrt bleibt, bricht die Urbanität in dessen nördlichem Teil zusammen. Nordanatolische Gruppen siedeln in die Räume ein, und von Nordwesten, aus der Propontis kommend, etabliert sich schließlich eine neue politisch dominante Bevölkerungsschicht in dem Raum der späteren Landschaft Großphrygien und errichtet sein Machtzentrum in Gordion. Erhebliche Teile Zentralanatoliens werden von dieser Gruppe auch sprachlich geprägt, die Ethnogenese der Phryger wird damit vollzogen. Zu deren Kerngebiet ist auch Ankyra zu rechnen, ohne daß wir seine Entwicklung bisher nachvollziehen können. Eine besondere Blüte erlebt Ankyra als phrygischer Ort im 7. und 6. Jh. v. Chr., in der Zeit des mittelphrygischen Reiches, dessen politische Führungsschicht schließlich um 600 v. Chr. von den Lyderkönigen über den Halys (Kızıl Irmak) in ein östliches Restgebiet verdrängt wird, das unter medischer Oberhoheit steht. Ankyra behält auch nach 546 v. Chr., dem Ende des Lyderreiches, unter achaimenidischer Herrschaft eine regionale Zentralortsfunktion. In hellenistischer Zeit entwickeln sich großräumigere urbane Strukturen der in ihrer Bevölkerung phrygisch-anatolischen Stadt, wie jüngst Ausgrabungen im Ulus-Bereich gezeigt haben. Die Stadt hat sich offenkundig in ihrer Grenzlage zwischen den Galaterstämmen der Tolistobogier und Tektosagen, zwei der drei von den hellenistischen Mächten in Sold genommenen Keltengruppen, die durch ihre Landnahme 275/272 v. Chr. die neue historische Landschaft Galatia schufen, als eigenständige Einheit behauptet. Wahrscheinlich mit der politischen Neuordnung des Pompeius wird Ankyra Teil des Gebietes der Tektosagentetrarchen und entwickelt sich endgültig zum Zentrum dieses Galaterstammes, dessen ethnische Identität sich auf die Stadt und nunmehrige Metropolis der römischen Provinz überträgt, so daß den Tektosagen schließlich sogar die Ortsgründung zugeschrieben wird. In der Principatszeit wie in der Spätantike war Ankyra der strategisch wichtigste Verkehrsknotenpunkt Anatoliens, über den die Truppenbewegungen wie die Etappe für die Kriege im Osten verliefen.

Das Erscheinen von Christen geht wohl bereits in das Umfeld der Missionstätigkeit des Paulus zurück, die sich im Galatergebiet – die häufige These, seine Galater seien die nichtgalatische Bevölkerung im Süden der Provinz, ist unbegründet – allerdings nicht auf die Städte (Ankyra, Pessinus, Tavium) selbst erstreckt hat. Schon bald entwickelt sich ein reiches christliches Leben, das von der Existenz zahlreicher Sekten und nichtorthodoxen Kirchen (insbesondere der Montanisten) geprägt ist. Ende des 4. Jhs. n. Chr. beklagt dies der Hl. Hieronymus und qualifiziert es als Folge der «Dummheit der keltischen Barbaren» ab, womit er auf einen traditionellen Topos des antiken Barbarenschemas zurückgreift. In der offiziellen Kirchenorganisation der Spätantike ist Ankyra Sitz des Metropoliten der Kirchenprovinz Galatia bzw. Galatia Prima. Ein einschneidendes Ereignis waren die Eroberung der seit ca. 270 n. Chr. von einer Mauer geschützten Stadt durch die Perser im Jahre 622 und durch die Araber 654, in deren Folge das Stadtbild sich zu einer schwer befestigten Zitadelle umgestaltet, deren 42 bugförmige Fünfecktürme noch heute das Bild der Altstadt bestimmen (Abb. 118. 119. 121). Im frühen 9. Jh. kam noch der untere Mauerring am Süd- und Westhang hinzu. Die weitläufige Stadtanlage der Kaiserzeit mit dem Augustus und Roma-Tempel und den zerstörten Thermen war aufgegeben worden. Die antiken Spolien in den byzantinischen Festungsmauern sprechen eine beredte Sprache (Abb. 120). Arabische Angriffe wurden 776, 778/9 und 806 abgeschlagen, 838 die von den Bewohnern geräumte Stadt erobert und zerstört, 859 die Zitadelle aber wiederhergestellt. Zwischen 1073 und 1080 fiel die Stadt an die danišmendidischen Türken und wurde dann nach einem Zwischenspiel der Kreuzfahrerzeit seldschukisch, schließlich osmanisch. 1402 traf der verheerende Feldzug Timurs Zentralanatolien, gegen den die Osmanen bei Angora/Ankyra eine vernichtende Niederlage erlitten. Das Umland der Stadt verlor in der Folge der langdauernden Kriege die meisten festen Siedlungen. Als Sitz eines orthodoxen Bistums blieb Ankyra aber bis zum «Bevölkerungstausch» von 1922 und dem damit verbundenen Ende seines griechischen Bevölkerungsteiles bestehen. Das armenische Viertel war schon 1915 liquidiert worden.

Abb. 120   Ankara, Spolien in der Mauerpartie beim Stadttor der Oberstadt/Zitadelle.

Ankara

58 Jahrhunderte lang besiedelt: ... «Eine Stadt, erschaffen aus dem Nichts, das bist du: Ankara» ...

von Emel Örgen / übersetzt von Heide Uzunoğlu

Diese Worte sind einem Lied entnommen, das in den ersten Jahren der Republik sehr beliebt war. In der Tat vermittelt dieses Lied ein äußerst treffendes Bild von Ankara, in dessen Geschichte das Auf und das Ab stets einander abwechselten. Noch im 19. Jh. war Ankara ein ärmliches Dorf; doch nach Ausrufung der Republik nahm es eine rasante Entwicklung und bot schon sehr bald das Bild einer modernen Stadt. Doch nun zur Geschichte des Ortes ...

Ankara, eine bedeutende Ansiedlung in römischer Zeit, verliert unter den Byzantinern allmählich an Bedeutung. Ohne Zweifel spielen dabei die arabischen Überfälle von 776–797 eine große Rolle. Die Stadtmauern sind nicht mehr imstande, die Stadt ausreichend zu schützen. Auch tragen Seuchen und Hungersnöte dazu bei, daß die Stadt immer mehr verarmt.

Im Jahre 1071 dringt der türkische Stamm der Rum-Seldschuken nach Anatolien vor. In der Folgezeit gehört die Stadt bald den Seldschuken, bald wieder den Byzantinern, bis schließlich der seldschukische Sultan Kılıç Aslan II. im Jahr 1169 Ankara einnimmt und Zentralanatolien vereinigt.

Im Jahre 1299 begründen die Osmanen ihre Herrschaft in Anatolien, die über 600 Jahre dauern wird, und schon bald gehört auch Ankara zum osmanischen Reich.

Das Jahr 1402 ist von großer Bedeutung für die Geschichte der Stadt. Denn in diesem Jahr kommt es in der Ebene von Ankara zu einem erbitterten Gefecht zwischen dem osmanischen Sultan Yıldırım Beyazid und dem mongolischen Herrscher Timurlenk (Tamerlan), dem Begründer des Timuridenreiches. Der Kampf endet mit der Niederlage der Osmanen, und der Sultan, der diese Schande nicht verwinden kann, begeht Selbstmord; er nimmt Gift. Der unglückliche Ausgang der Schlacht und der Tod des Sultans haben weitreichende Folgen für die weitere Entwicklung des Osmanenreiches.

Doch das osmanische Reich erstarkt wieder, und für Ankara beginnt neuerlich eine Zeit des Aufschwungs. Den wachsenden Wohlstand verdankt die Stadt in erster Linie den Angora-Ziegen, deren Mohärwolle in der ganzen Welt berühmt ist. Um 1500 bildet Ankara ein wichtiges internationales Handelszentrum. Ausländische Händler gründen hier ihre Niederlassungen. Die Stadt wächst über die Stadtmauern hinaus, die Einwohnerzahl übersteigt 15 000.

Ankara wird jedoch weiterhin vom Unglück verfolgt. Während der Volksaufstände von 1590 kommt es zu wilden

Abb. 121   Ankara, Blick über die Dächer der Altstadt auf den Befestigungsring der byzantinischen Zitadelle.

Kämpfen, die Stadt wird niedergebrannt und verwüstet. Die Einwohner versuchen eine behelfsmäßige Stadtmauer zu errichten, um sich vor den Angreifern zu schützen, leider mit wenig Erfolg. Ein großer Teil des Volkes verläßt die Stadt. Einen weiteren Schlag erleidet die Wirtschaft der Stadt, als die Angoraziege, deren Ausfuhr verboten ist, auf Schmugglerwegen nach Südafrika gebracht und dort mit ihrer Zucht begonnen wird. Damit geht der schwungvolle Wollhandel zurück, und die Stadt verarmt erneut. Reisende, die im 17. Jh. die Stadt besuchen, berichten, daß die Häuser aus Lehmziegeln bestehen und die Dächer mit Erde gedeckt, die Gassen eng und schmutzig sind. Erst im 18. Jh. beginnt man vereinzelt mit dem Bau von Holzhäusern, die nun mit gebrannten Ziegeln eingedeckt sind.

Ein weiteres wichtiges Datum für die Stadt ist das Jahr 1892: Ankara wird mit Istanbul durch eine Eisenbahnlinie verbunden. Diese neue Zugverbindung belebt den Handel der Stadt. Doch erneut folgen schwierige Jahre, denn der Erste Weltkrieg beginnt sich auszuwirken. Als sei das Maß noch nicht voll, wird Ankara im Jahr 1917 auch noch von einer großen Feuersbrunst zerstört und versinkt anschließend in der Bedeutungslosigkeit einer Kleinstadt.

Wir zählen das Jahr 1919: der Befreiungskrieg beginnt. Ankara ist noch immer eine kleine Provinzstadt inmitten der endlosen anatolischen Steppe. Mustafa Kemal Atatürk, der Begründer der Türkischen Republik, bestimmt in diesem Jahr, daß Ankara das Zentrum des nationalen Unabhängigkeitskampfes werden soll. Am 23. April 1920 wird die Große Nationalversammlung einberufen, und drei Jahre später wird Ankara zur Hauptstadt erklärt und die Republik verkündet. Es sind diese Ereignisse, welche die Stadt mit neuem dynamischen Leben erfüllen.

In diesen Jahren erlangt Ankara wieder Bedeutung im Weltgeschehen, die Entwicklung zeigt steil nach oben. Eine verfallene, von Bränden zerstörte osmanische Kleinstadt wird unerwartet mit einer wichtigen Aufgabe konfrontiert. Parallel dazu erhält die Stadt nach den von Professor Jansen vorbereiteten Entwürfen langsam ein modernes Gesicht. Es sind vorrangig deutsche, österreichische und italienische Architekten und Bildhauer, die zur Entwicklung der Stadt einen wesentlichen Beitrag leisten.

So also hat Ankara, nachdem es lange Zeit hindurch im Mittelalter stehengeblieben war, mit der Gründung der Republik den Schritt in ein neues Zeitalter getan. Seine Einwohner haben ihre rückständige orientalische Lebensform aufgegeben und fühlen sich heute als Mitglieder einer modernen, zeitgenössischen Gesellschaft.

Abb. 122   Camilla Daxner, Aquarell 23 x 32 cm. Türkischer Sonnenuntergang nach dem Regen, Selçuk 1972. Besitz der Künstler.

Anhang

LITERATUR

Häufiger verwendete Titel

LANCKORONSKI I. u. II.
K. GRAF LANCKORONSKI / G. NIEMANN / E. PETERSEN, *Städte Pamphyliens und Pisidiens* – I. *Pamphylien* (1890); II. *Pisidien* (1892).

Lykien-Symposion I. u. II.
J. BORCHHARDT / G. DOBESCH (Hrsg.), *Akten des II. Internationalen Lykien-Symposions Wien*, 6.–12. Mai 1990, Bde. I–II (1993) [Österr. Akad. Wiss. Phil.-Hist. Kl. Denkschr., 231. u. 235. Bd.= Ergänzungsbde. z. d. Tituli Asiae Minoris Nr. 17 u. 18].

STILLWELL
R. STILLWELL (Hrsg.), *The Princeton Encyclopedia of Classical Sites* (1976).

WAGNER 1978
J. u. H. WAGNER, *Die türkische Südküste. Das neue Reiseland mit seinen alten Kulturstätten* (1978).

WAGNER 1991; ²1997
J. WAGNER, *Südtürkei. Von Kaunos bis Issos* (1991; ²1997). Hier zitiert nach Ausgabe 1991.

THRAKIEN

Istanbul

W. HOTZ, *Byzanz, Konstantinopel, Istanbul. Handb. d. Kunstdenkmäler* (1971).

J. FREELY / H. SUMNER-BOYD, I*stanbul. Ein Führer* (1975).

M. RESTLE, *Istanbul, Bursa, Edirne, Iznik. Baudenkmäler und Museen. Reclams Kunstführer* (1976).

W. MÜLLER-WIENER, *Bildlexikon zur Topographie Istanbuls. Byzantion, Konstaninupolis, Istanbul bis zum Beginn des 17. Jahrhunderts* (1977).

Encyclopédie de l'Islam. Nouvelle Édition IV (1978) 233 ff. s. v. Istanbul (H. INALCIK).

Reallex. z. byzantinischen Kunst IV (1990) 366 ff. s. v. Konstantinopel (M. RESTLE).

Lex. f. Theologie u. Kirche VI (1997) 305 ff. s. v. *Konstantinopel* (R. STICHEL).

TROAS

Alexandria Troas

R. KOLDEWEY, *Das Bad von Alexandria* – *Troas, Mitt. DAI Athen* 9 (1884) 36 ff.

W. LEAF, *Strabo on the Troad* (1925).

J. M. COOK, *The Troad* (1973).

E. SCHWERTHEIM, in: E. SCHWERTHEIM / H. WIEGARTZ (Hrsg.), *Neue Forschungen zu Neandria und Alexandria Troas, Asia Minor Studien* 11 (1994) 21 ff.; 39 ff.

Die Troas. Neue Forschungen III, *Asia Minor Studien* 33 (1999) passim.

Assos

J. T. CLARKE / F. H. BACON / R. KOLDEWEY, *Investigations at Assos. Drawings and Photographs of the Buildings and Objects discovered during the Excavations of 1881–1882–1883* (1902–1921).

STILLWELL 104 f. s. v. *Assos* (H. S. ROBINSON).

Ü. SERDAOĞLU / R. STUPPERICH (Hrsg.), *Ausgrabungen in Assos 1989 ff. Asia Minor Studien* 2, 5, 10, 21 (1990 ff.).

R. STUPPERICH, *Grabungen in der Nekropole von Assos 1989–1994, Thetis* 3 (1996) 49 ff.

MYSIEN

Pergamon

W. RADT, *Pergamon. Geschichte und Bauten einer antiken Metropole* (1999) mit ausführlichen Literaturangaben.

LYDIEN

Sardes

G. M. A. HANFMANN, *Sardis und Lydien. Akad. Wiss. u. Lit., Mainz, Abhandl. d. Geistes- u. sozialwiss. Kl.* 6 (1960) 499 ff.

DERS., *Letters from Sardis* (1972).

DERS. / J. C. WALDBAUM, *A Survey of Sardis and the Major Monuments outside the City Walls. Archaeological Exploration of Sardis Report* 1 (1975).

STILLWELL 808 ff. s. v. *Sardis* (J. A. SCOTT / G. M. A. HANFMANN).

DERS., *Sardis from Prehistoric to Roman Times. Results of the Archaeological Exploration of Sardis 1958–1975* (1983).

IONIEN

Klaros

L. ROBERT, *Les fouilles de Claros* (1954) (= DERS., *Opera Selecta* VI [1989] 523 ff.).

STILLWELL 226 s. v. *Claros* (L. ROBERT).

J. DE LA GENIÈRE (Hrsg.), *Cahiers de Claros* I (1992).

Enciclopedia dell' arte antica, classica e orientale Suppl. III (1995) 195 ff. s. v. *Klaros* (J. ROBERT).

J. DE LA GENIÈRE, S*anctuaire d'Apollon à Claros. Comptes Rendus Séances Acad. Inscript.* (1996) 261 ff.

M. FLASHAR, *Zur Datierung der Kultbildgruppen von Klaros* (*Klaros Studien* I.), in: *Hellenistische Gruppen. Gedenkschrift für Andreas Linfert. Schriften des Liebieghauses* (1999) 53 ff. mit ausführlicher Bibliographie.

Ephesos

G. WIPLINGER / G. WLACH, *Ephesos, 100 Jahre österreichische Forschungen* (1995).

F. HUEBER, *Ephesos, gebaute Geschichte* (1997) = *Sonderband der Antiken Welt, Zaberns Bildbände zur Archäologie.*

D. KNIBBE, *Ephesus, Ephesos* (1998).

H. FRIESINGER / F. KRINZINGER (Hrsg.), *100 Jahre österreichische Forschungen in Ephesos. Akten des Symposions Wien 1995* (1999). *Archäologische Forschungen* Bd. 1, Österr. Akad. Wiss. Wien.

R. PILLINGER u. a. (Hrsg.), *Frühchristliches und byzantinisches Ephesos.* Österr. Akad. Wiss., *Archäologische Forschungen* Bd. 3 (1999).

Selçuk

A. BAMMER / U. MUSS, *Das Artemision von Ephesos* (1996) = *Sonderband der Antiken Welt, Zaberns Bildbände zur Archäologie.*

From Past to Present, Geçmişten Günümüze, Hrsg. *Municipality of Selçuk and University of Izmir* (1997).

Pamucak

A. BAMMER, *Ephesos, Stadt an Fluß und Meer* (1988).

Priene

TH. WIEGAND / H. SCHRADER, *Priene. Ergebnisse der Ausgrabungen* (1904).

TH. WIEGAND, *Halbmond im letzten Viertel. Archäologische Reiseberichte* (1985) 21 ff.

F. RUMSCHEID, *Priene – Führer durch das «Pompeji Kleinasiens»* (1998).

S. TH. SCHIPPOREIT, *Das alte und neue Priene. Das Heiligtum der Demeter und die Gründungen Prienes. Istanbuler Mitt.* 48 (1998) 193 ff.

Milet

G. KLEINER, *Die Ruinen von Milet* (1968) mit ausführlichem Literaturverzeichnis.

STILLWELL 578–582 s. v. *Miletos* (G. KLEINER).

Karawane Reiseführer: J. KLEINE (Hrsg.), *Führer durch die Ruinen von Milet-Didyma-Priene* (1980) 12 ff.

Artemis-Cicerone. W. KOENIGS, *Türkei. Die Westküste von Troja bis Knidos* (1986) 167 ff.

W. MÜLLER-WIENER (Hrsg.), *Milet 1899–1980. Ergebnisse, Probleme und Perspektiven einer Ausgrabung. Istanbuler Mitt. Beih.* 31 (1986).

Didyma

STILLWELL 272 f. s. v. *Didyma or Branchidai* (K. Tuchelt).

K. TUCHELT, *Branchidai-Didyma. Geschichte, Ausgrabung und Wiederentdeckung eines antiken Heiligtums 1765–1990* (1992) = *Sonderband der Antiken Welt, Zaberns Bildbände zur Archäologie.*

DERS., *Notizen über Ausgrabung und Denkmalpflege in Didyma*, AW 1 (1994) 2 ff.

DERS. (Hrsg.), *Didyma. Dritter Teil: Ergebnisse der Ausgrabungen und Untersuchungen seit dem Jahre 1962*, Bd. 1: *Ein Kultbezirk an der Heiligen Straße von Milet nach Didyma* (1996) mit ausführlicher Bibliographie.

KARIEN

Aphrodisias

STILLWELL 68 ff. s. v. *Aphrodisias* (K. ERIM).

J. REYNOLDS, *Aphrodisias and Rome. Journal Roman Stud. Monograph* 1 (1982).

K. T. ERIM, *Aphrodisias – City of Venus Aphrodite* (1986).

DERS., *Aphrodisias. Ein Führer durch die antike Stadt und das Museum* (³1992).

R. R. R. SMITH, *The Monument of C. Julius Zoilos. Aphrodisias* I (1993).

Euromos

A. LAUMONIER, *Cultes Indigènes en Carie. Bibliothèque des Écoles Françaises d'Athènes et de Rome* 188 (1958) 164 ff.

G. E. BEAN, *Turkey beyond the Maeander* (1971) 45 ff.

STILLWELL 320 f. s. v. *Euromos* (G. E. BEAN) (hier die ältere Literatur).

M. ERRINGTON, *Antiochos III., Zeuxis und Euromos. Epigraphica Anatolica* 8 (1986) 1 ff.

F. RUMSCHEID, *Untersuchungen zur kleinasiatischen Bauornamentik des Hellenismus. Beiträge zur Erforschung hellenistischer und kaiserzeitlicher Skulptur und Architektur* 14, 1 (1994) 17.

LYKIEN

Telmessos

STILLWELL 892 s. v. *Telmessos* (G. E. BEAN).

WAGNER 1978, 62 f.

M. WÖRRLE, *Epigraphische Forschungen zur Geschichte Lykiens* II: *Ptolemaios II. und Telmessos. Chiron* 8 (1978) 201 ff.

DERS., *Epigraphische Forschungen zur Geschichte Lykiens* III: *Ein hellenistischer Königsbrief aus Telmessos.* Ebd. 9 (1979) 83 ff.

DERS., *Telmessos in hellenistischer Zeit*, in: *Actes du Colloque sur la Lycie antique* (1980) 63 ff.

WAGNER 1991, 42 ff.

K. BUSCHMANN, *Hızırlık bei Fethiye: Das altlykische Telebehi. X. Araştırma şonucları Toplantısı* (1992) 429 ff.

Lykien-Symposion II., 305 (Literaturüberblick).

Tlos

STILLWELL 927 s. v. *Tlos* (G. E. BEAN).

W. WURSTER, *Antike Siedlungen in Lykien. Arch. Anz.* (1976) 22 ff.

WAGNER 1978, 63 ff.

DERS. 1991, 57 ff.

Lykien-Symposion II., 305 (Literaturüberblick).

P. ALLDERIDGE, *Richard Dadd 1817–1886*, in: I. BRUGGER, *Kunst & Wahn* (1997) 131 ff. Kat. 44 Abb. 166.

Xanthos

H. METZGER / P. COUPEL, *L'acropole lycienne. Fouilles de Xanthos* 2 (1963).

H. METZGER, *Les céramiques archaiques et classiques de l'acropole lycienne.* Ebd. 4 (1972).

P. DEMARGNE / W. P. A. CHILDS, *Le monument des Néréides.* Ebd. 8 (1989).

WAGNER 1991, 70 ff.

Lykien-Symposion II., 306 f. (Literaturüberblick).

TH. MARKSTEINER, *Klassisches Polygonalmauerwerk in lykischen Befestigungen*, in: *Les grands ateliers d'architecture dans le monde égéen du* VIe s. a. J.-C. (1993) 35 ff.

J. DES COURTILS, *Xanthos de la Perse à Byzance. Dossiers Arch.* 239 (1998).

Kekova

STILLWELL 841 s. v. *Simena* (G. E. BEAN).

WAGNER 1991, 108 ff.

TH. MARKSTEINER, *Trysa, Korba, Tyberissos und Teimiussa: Lykische Herrensitze in klassischer Zeit*, in: *Lykische Studien* 1 (1993) 97 ff.

Lykien-Symposion II., 305 (Literaturüberblick).

Myra

J. BORCHHARDT (Hrsg.), *Myra – Eine lykische Metropole in antiker und byzantinischer Zeit. Istanbuler Forsch.* 30 (1975).

STILLWELL 603 f. s. v. *Myra* (G. E. BEAN).

WAGNER 1978, 106 ff.

DERS. 1991, 119 ff.

Lykien-Symposion II., 303 (Literaturüberblick).

U. PESCHLOW, *Die Burg von Limyra*, in: *Fremde Zeiten, Festschr. f. J. Borchhardt* Bd. I (1996) 209 ff.

S. Y. ÖTÜKEN, *Ergebnisse der Grabungen in der Kirche des Hl. Nikolaus in Myra.* Ebd. 227 ff.

P. KNOBLAUCH / H.Y. ÖZBEK, *Neuere Untersuchungen an der Scenae frons des Theaters von Myra.* Ebd. 189 ff.

Delicedere

J. BORCHHARDT, *Das Begräbnis des Barons von Asartepe bei Limyra*, in: G. ERATH u. a. (Hrsg.), *Komos, Festschr. Thuri Lorenz* (1997) 27 ff.

Arykanda

G. NEUMANN, *Der lykische Ortsname Arykanda*, *HistSprF* 104, 2 (1991) 165 ff.

WAGNER 1991, 154 ff.

F. KOLB / B. KUPKE, *Lykien. Geschichte Lykiens im Altertum* (1992) 55 f. = *Sonderband der Antiken Welt, Zaberns Bildbände zur Archäologie.*

P. KNOBLAUCH / C. WITSCHEL, *Arykanda in Lykien. Arch. Anz.* (1993) 229 ff.

C. BAYBURTLUOĞLU, *Arykanda*, in: *Lykien-Symposion* II., 119 ff.

Lykien-Symposion II., 300 (Literaturüberblick).

Limyra

J. BORCHHARDT, *Die Bauskulptur des Heroons von Limyra. Istanbuler Forsch.* 32 (1976).

STILLWELL 518 s. v. *Limyra* (J. BORCHHARDT).

WAGNER 1978, 111 ff.

J. GANZERT, *Das Kenotaph für Gaius Caesar in Limyra. Istanbuler Forsch.* 35 (1984).

WAGNER 1991, 138 ff.

J. BORCHHARDT, *Die Steine von Zêmuri. Archäologische Forschungen an den verborgenen Wassern von Limyra* (1993).

Lykien-Symposion II., 302 f. (Literaturüberblick).

TH. MARKSTEINER, *Die befestigte Siedlung von Limyra. Forsch. Limyra* 1 (1997).

Olympos

L. ROBERT, *Une épitaphe d'Olympos. Hellenica* 10 (1955) 188 ff.

G. E. BEAN, *Turkey's Southern Shore – An Archaeological Guide* (1968) 165 ff.

STILLWELL 650 f. s. v. *Olympos* (G. E. BEAN).

WAGNER 1978, 124 ff.

DERS. 1991, 162 ff.

Lykien-Symposion II., 304 (Literaturüberblick).

Phaselis

J. SCHÄFER (Hrsg.), *Phaselis, Beiträge zur Topographie und Geschichte der Stadt und ihrer Häfen. Istanbuler Mitt. Beih.* 24 (1981).

C. BAYBURTLUOĞLU, *Kazı Sonuçları Toplantısı* 5 (1983) 181 ff.; 6 (1984) 301 ff.; 7 (1985) 373 ff.

STILLWELL 700 f. s. v. *Phaselis* (G. E. BEAN).

WAGNER 1978, 124 ff.

DERS. 1991, 165 ff.

CHR. HEIPP-TAMER, *Die Münzprägung der lykischen Stadt Phaselis in griechischer Zeit* (1993).

Lykien-Symposion II., 304 (Literaturüberblick).

PISIDIEN

Termessos

LANCKORONSKI II., 21 ff.

G. KLEINER, *Diadochen-Gräber. Sitzber. Wiss. Ges. Johann Wolfgang Goethe-Univ. Frankfurt a. M.* Bd.1 (1962) Nr. 3, 67 ff.

STILLWELL 896 f. s. v. *Termessos* (G. E. Bean).

A. PEKRIDOU, *Das Alkteas-Grab in Termessos. Istanbuler Mitt.* 32 Beih. (1986).

PAMPHYLIEN

Antalya

LANCKORONSKI I., 7 ff.

RE Suppl. XII (1970) 110 ff. s. v. Attaleia (S. JAMESON).

STILLWELL 111 s. v. *Attaleia* (G. E. BEAN).

N. BAYDUR, *Die Münzen von Attaleia in Pamphylien*, Teil I. *Jahrb. Num. u. Geldgesch.* 25 (1975) 34 f.; Teil II ebd. 26 (1976) 38 ff.

WAGNER 1978, 160 ff.

DERS. 1991, 170 ff.

Perge

LANCKORONSKI I., 33 ff.

A. M. MANSEL / A. AKARCA, *Excavations and researches at Perge* (1949).

S. ŞAHIN, *Die Inschriften von Perge*. I (1999).

WAGNER 1991, 197 ff.

W. MARTINI, *Die Akropolis von Perge. Survey und Sondagen 1994–1996*, in: *Studien zum antiken Kleinasien IV. Asia Minor Studien* 34 (1999) 155 ff.

Sillyon

LANCKORONSKI I., 64 ff.

WAGNER 1991, 209 ff.

M. KÜPPER, *Sillyon. Arch. Anz.* (1996) 259 ff.

Aspendos

LANCKORONSKI I., 85 ff.

E. AKURGAL, *Ancient Civilisations and Ruins of Turkey* (1985) 333 ff.

WAGNER 1991, 213 ff.

Side

A. M. MANSEL, *Die Ruinen von Side* (1963).

S. ATLAN, *Untersuchungen über die sidetischen Münzen des V. und IV. Jhdts. v. Chr.* (1967).

W. LESCHHORN, in: P. R. FRANKE / W. LESCHHORN / B. MÜLLER / J. NOLLÉ, *Side. Münzprägung, Inschriften und Geschichte einer antiken Stadt in der Türkei* (²1989) 23 ff.

J. NOLLÉ, *Side. Zur Geschichte einer kleinasiatischen Stadt in der römischen Kaiserzeit im Spiegel ihrer Münzen, AW* 4 (1990) 244 ff.

DERS., *Side im Altertum. Geschichte und Zeugnisse* I–II (1993/2000).

J. WAGNER, *Pamphylien. Antikes Leben an der türkischen Riviera* (1992).

GALATIEN

Ankara

C. FOSS, *Late Antiquity and Byzantine Ankyra. Dumbarton Oaks Papers* 31 (1977) 27 ff.

K. BELKE / M. RESTLE, *Galatien und Lykaonien, Tabula Imperii Byzantini* 4 (1984) 126 ff.

B. RADT, *Anatolien* I (1993) 22 ff.

Der Neue Pauly 1 (1996) 707 s. v. Ankara (K. STROBEL).

K. STROBEL, *Die Galater* 1 (1996).

Bildnachweis

Frontispiz, Abb. 2, 6–10, 12, 13,15, 17, 21, 23, 26, 27, 29, 31, 32, 35, 37, 39, 41, 43, 45, 47, 49, 54, 56, 57, 59, 61, 63–65, 67, 69, 71, 73, 75, 76, 80–83, 85, 86, 89, 93, 94, 97–99, 102, 103, 106, 108–110, 113, 115, 116, 118: Saalburgmuseum, Bad Homburg v. d. H.

Sämtliche Abbildungen der Bilder von Camilla und Siegmund Daxner wurden im Photostudio Otto Linke Wienzeile 36, A-1060 Wien aufgenommen.

Abb. 1: nach Vorlage J. Gorecki.

Abb. 3: nach Comte de Choiseul-Gouffier, Voyage pittoresque dans l'Empire ottomane, en Grèce, dans la Troade, les îles de l'Archipel et sur les côtes d'Asie Mineure (Paris 1782) Taf. 71.

Abb. 4: nach Ch. Texier, Description de l'Asie Mineure faite de 1833 à 1837 (Paris 1849) vol. 3, Taf. 172.

Abb. 5: nach K. Graf Lanckoronski / G. Niemann / E. Petersen, Städte Pamphyliens und Pisidiens (1890) I Taf. V.

Abb. 11: Photo R. Köster.

Abb. 14: Photo E. Schwertheim.

Abb. 16: Photo R. Stupperich nach Postkarte.

Abb. 18: Photo R. Stupperich.

Abb. 19, 20: Photos K. Nohlen.

Abb. 22: aus AW 3 (1997) 190 Abb. 13, Photo H. J. Budeit.

Abb. 24, 58, 72, 74, 77–79, 84, 87, 88, 90: Photos G. Stanzl.

Abb. 25: Archäologisches Institut Frankfurt a. M..

Abb. 28, 50: Photos M. Büyükkolanci.

Abb. 30, 33, 34, 36, 38, 40, 42: Photos Österreichisches Archäologisches Institut.

Abb. 44: Photo W. Koenigs.

Abb. 46: Photo W.-D. Niemeier.

Abb. 48: Photo K. Tuchelt.

Abb. 51–53: nach AW 3 (1999) 305 Abb. 1–3, Photos A. Dierichs.

Abb. 55: Photo Chr. Schwarz.

Abb. 60: Photo G. Wurst, Lykien-Archiv, Wien.

Abb. 62, 68: Photos G. Landskron, Lykien Archiv, Wien.

Abb. 66: Photo Jutta Borchhardt sen., Lykien-Archiv, Wien.

Abb. 70: Photo D. Johannes, Lykien-Archiv, Wien.

Abb. 91: Photo nach I. Aksit, Das Sonnenland Lykien (1999) 179.

Abb. 92: Photo H. Seebacher.

Abb. 93: Photo N. Gail, Lykien-Archiv, Wien.

Abb. 95, 96: Photos A. Pekridou-Gorecki.

Abb. 100, 101: Photos J.Gorecki.

Abb. 104, 105, 107, 111, 112: Photos W. Martini.

Abb. 114, 117: Photos J. Nollé.

Abb. 119, 121: Photos E. Örgen.

Abb. 120: Photo K. Strobel.

Adressen der Herausgeber

DR. JOACHIM GORECKI
Johann Wolfgang Goethe-Universität
Seminar für Griechische und Römische
Geschichte, Abt. II, Geschichte und
Kultur der römischen Provinzen sowie
Hilfswissenschaften der Altertumskunde
Gräfstr. 76 EG/VII
Postfach 11 1932
D-60054 Frankfurt a. M.

DR. EGON SCHALLMAYER
Museumsdirektor
Saalburgmuseum
Saalburg-Kastell
D-61350 Bad Homburg v. d. H.

Glossar

Adyton (gr. unbetretbar)
allerheiligster Raum in einem Tempel hinter der Cella, nur von der Priesterschaft zu betreten

Agora (gr. der Markt)
Mittelpunkt des politischen und wirtschaftlichen Lebens in jeder griechischen Stadt

Akropolis (gr. Hochstadt)
hochgelegener Ort mit Kult- und Repräsentationsbauten, als Verteidigungsanlage konzipiert

Amazonen (gr.)
sagenhaftes kriegerisches Frauenvolk, das im Nordosten Kleinasiens lebte

Amphitheater (gr. amphi = ringsum)
Theater mit ringsum geschlossenen Sitzreihen

Analemma
Stützmauer

Andron (gr. Männersaal)
repräsentativer Raum im griechischen Haus, in dem der Hausherr seine Gäste empfing und Symposien (Trinkgelage) abgehalten wurden

Apsis (gr. Rundung, Bogen)
halbkreisförmiger Raum, von einer Halbkuppel überwölbt

Aquädukt (lat. aqua)
Wasserleitung über einer Pfeiler-Bogen-Konstruktion, um Wasser von entfernten Quellen in die Städte zu leiten

Architrav (ital.)
Querbalken über den Säulen und Pilastern

Aryballos (gr.)
kugelförmiges Salbölgefäß

Balteus (lat.)
Brustgurt

Basilika (lat. basilica, gr. «Königshalle»)
langgestreckte Halle, die im Inneren durch Säulenstellungen in mehrere Schiffe unterteilt ist. Gebäude für Gerichtsverhandlungen und Märkte; das Christentum übernimmt Namen und Form für die Errichtung von Kirchen

Bouleuterion (gr.)
Rathaus, Versammlungsort des Rates, der Boulé

Cavea (lat.)
muschelförmiger Zuschauerraum im Theater

Cella (lat.)
fensterloser Hauptraum des Tempels, meist Standort des Kultbildes

Chimaira (gr.)
Mischwesen aus Löwe, Schlange und Ziege mit drei Köpfen, feuerspeiend und schnellfüßig

Chiton (gr.)
Bekleidungsstück in Gewandform, gleichermaßen für Frauen und Männer, zumeist aus feineren Stoffen hergestellt

Distylos in antis (gr.)
Tempelform mit zwei Säulen zwischen den seitlich vorgezogenen Cella-Mauern

Doppelantentempel
Tempelform, dessen Cella-Naos an beiden Schmalseiten mit Vorhallen versehen ist. Diese werden durch Verlängerung der Cella-Mauern gebildet, dazwischen befindet sich die Säulenstellung. Die Halle am Eingang des Tempels wird Pronaos, am hinteren Teil Opisthodomos genannt

Episkopion
Bischofspalast

Exedra (gr. abgelegener Sitzplatz)
meist halbkreisförmiger Bau mit Sitzreihen versehen

Fasces (lat.)
Rutenbündel aus dem ein Beil hervorragt, Zeichen römischer Amtsgewalt

Forum (lat.)
zentraler Platz der römischen Stadt, wie die griechische Agora Marktplatz und Versammlungsort

Giganten
Geschlecht von Riesen, Söhne des Uranos (des Himmels) und der Gaia (der Erde); sie kämpften gegen die olympischen Götter um die Macht (Gigantomachie)

Gymnasium
(vom gr. gymnós = nackt)
Schule für die geistige und körperliche Ertüchtigung

Harpyien
geflügelte Mischwesen, halb Mädchen, halb Vogel

Hekatombaia (gr.)
Opfer von hundert Rindern

Heroon (gr.)
Grabheiligtum eines Heros

Heros (gr.)
Halbgott, von einer Gottheit mit einem Sterblichen gezeugt, durch seine außergewöhnlichen Taten vergöttlicht

Hybris (gr.)
Überheblichkeit gegenüber den Göttern

Hydrophoren (gr.)
Wasserträgerinnen, hier Priesterinnen der Artemis

Hypokausten (gr.)
Fußbodenheizung; der Fußboden ruht auf Stützen aus runden oder quadratischen, aufgemauerten Ziegelsteinen; im Hohlraum zirkuliert die heiße Luft

Insula (lat.)
Wohnviertel innerhalb eines rechtwinkligen Straßensystems, auch Mietshaus für mehrere Wohnparteien

Kanneluren (gr./lat. von cana= Rohr)
senkrechte, konkave Rillen im Schaft einer Säule oder eines Pfeilers

Karyatiden (gr. Frauen aus Karyä)
Stützfiguren in Frauengestalt, die anstelle einer tektonischen Stütze das Gebälk tragen

Kenotaph (gr.)
Leeres Ehrengrab für Verstorbene, deren Leichen nicht mehr auffindbar waren oder anderswo bestattet worden waren

Kentauren (gr.)
Mischwesen, Pferde mit menschlichem Oberkörper

Kentauromachie (gr.)
Kampf der Griechen gegen die Kentauren

Glossar

Kline
Bett, Liege, Speisesofa, Totenlager

Koilon (gr. Höhlung)
der muschelförmige Zuschauerraum des griechischen Theaters (lat. cavea)

Kolonie
Neugründungen alter griechischer Städte in fernen Regionen; in römischer Zeit Stadt nach römischem Recht, Neugründung oder den Status einer bereits bestehenden Stadt ändernd

Kome
politisch untergeordnete Dorfsiedlung, auch Stadtteil

Kouros (gr.)
nackte Jünglingsfigur – Statue

Krepis (gr.)
ein- oder mehrstufiger Unterbau eines antiken Gebäudes

Manteion (gr.)
Orakelstelle

Medusa (gr.)
eine der drei Gorgonen, Perseus enthauptete sie. Dem durchtrennten Hals entsprangen das Flügelroß Pegasos und Chrysaor. Das maskenhafte Gesicht der Medusa (Gorgoneion), dessen Anblick versteinerte, galt als Unheil abwehrend

Metope (gr.)
im dorischen Gebälk glatte oder reliefgeschmückte Platte zwischen zwei Triglyphen

Museion (gr., lat. museum)
ein den Musen geweihtes Heiligtum, dann Stätte, in der Künstler und Forscher gemeinsam lebten, um sich in völliger Freiheit ihren Forschungen zu widmen

Naos (gr.)
Götterwohnung, die Cella eines griechischen Tempels, auch allgemein der ganze Bau

Narthex
Vorhalle frühchristlicher Kirchen

Nekropole
«Totenstadt», Begräbnisstätte, Friedhof

Nereiden
Meeresnymphen; die 50 Töchter des Meeresgottes Nereus

Nymphäum (gr.)
ursprünglich Ort, der den Nymphen (Quellgottheiten) geweiht war, später Bezeichnung aufwendiger Brunnenanlagen oder Wasserspiele

Odeion (gr.)
theaterähnlicher Bau für musikalische Darbietungen und Vorträge

Orchestra (gr.)
kreisförmiger Tanz- und Spielplatz im griechischen Theater zwischen Bühne und Zuschauerreihen

Ostothek (gr. «Knochenbehälter»)
Grabbehältnis für die verbrannten Überreste eines Menschen, Aschengefäß

Palästra (gr. palaio = ringen)
Anlage für sportliche Übungen, Ringerschule

Parodos (gr.)
seitliche Zugänge des antiken Theaters zwischen Bühne und Zuschauersitzplätzen

Peripteros (gr.)
Tempelform, deren Cella ringsum von einer Säulenhalle umgeben wird

Peristasis (gr.)
Ringhalle des Peripteros

Peristylhaus (gr.)
Haus, dessen nicht überdachter Innenhof von Säulen umgeben wird

Polis (gr.)
Stadt, Stadtstaat, politische und religiöse Gemeinschaft

Polos
zylindrischer Kopfschmuck von Göttinnen und Priesterinnen

Porticus (lat.)
Vorhalle vor der Hauptfront eines Gebäudes, die von Säulen getragen wird; Säulenhalle

Pronaos (gr.)
Vorhalle des Tempels

Propylon (gr.)
Torbau

Pseudo-Dipteros (gr. falscher Dipteros)
Dipteros: Tempel, dessen Cella von zwei Säulenreihen umgeben ist. Pseudo-Dipteros: Tempel mit gleichem Grundriß, aber ohne innere Säulenreihe

Podium (gr.)
erhöhter Unterbau

Ringhallentempel
Peripteros

Satrapie
persischer Verwaltungsbezirk

Scaenae frons (lat.)
im römischen Theater die Fassade des Bühnenhauses

Sphinx (gr.)
Mischwesen, geflügelte Löwin mit weiblichem Kopf- und Oberkörper

Stele (gr.)
geschmückte schmale, rechteckige Steinplatte, Grabstein

Stoa (gr.)
langgestreckte Halle, mit geschlossener Rückwand, aber durch Säulen geöffneter Front

Strigilis (gr.)
Schaber, mit dem sich Sportler nach den Übungen Schweiß, Öl und Staub entfernten

Tabula ansata (lat.)
rechteckige Inschrifttafel mit «Ohren», d. h. dreieckigen, mittig an beiden Schmalseiten ansetzenden Ausbuchtungen

Tekke (türk.)
islamisches Kloster

Temenos (gr. der geschnittene)
umgrenzter Bezirk eines Heiligtums

Tetrapylon (gr., lat. Quadrifrons)
vierseitiger Torbau mit Durchgang auf jeder Seite

Thermen (gr./lat.)
Badeanlagen

Tholos
Rundbau meist sakraler Funktion

Totenmahl
Bezeichnung für Reliefs auf Grabmälern, auf denen der Tote auf einer Kline liegend zumeist beim Trinkgelage zu sehen ist

Triclinium
Speisezimmer mit drei Speisesofas, die rechtwinkelig zueinander standen, auf denen drei, sechs oder auch neun Personen Platz fanden

Tumulus
Grabhügel mit kreisförmigem Grundriß

Türbe (türk.)
Grabbau eines Sultans oder eines anderen Würdenträgers, Mausoleum

Tyche (gr., lat. fortuna)
Schicksal, Zufall, auch Name für die Stadtgöttin

 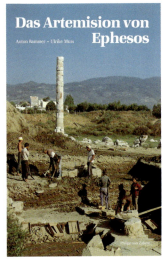  

Friedmund Hueber

Ephesos – Gebaute Geschichte

Zaberns Bildbände zur Archäologie

IV, 111 Seiten mit 104 Farb- und 32 Schwarzweißabbildungen

ISBN 3-8053-1814-6

Anton Bammer, Ulrike Muss

Das Artemision von Ephesos

Zaberns Bildbände zur Archäologie

IV, 92 Seiten mit 115 Abbildungen

ISBN 3-8053-1816-2

Anneliese Peschlow-Bindokat

Der Latmos
Eine unbekannte Gebirgslandschaft an der türkischen Westküste

Zaberns Bildbände zur Archäologie

IV, 87 Seiten mit 134 Farb- und 24 Schwarzweißabbildungen

ISBN 3-8053-1994-0

Orhan Bingöl

Malerei und Mosaik der Antike in der Türkei

Kulturgeschichte der antiken Welt · Band 67

147 Seiten mit 96 Abbildungen und 32 Farbtafeln mit 59 Abbildungen

ISBN 3-8053-1880-4

»Ephesos zählte in der römischen Kaiserzeit zu den wichtigsten Zentren des Reiches, es war jedoch … schon eine Stadt aus Marmor, als Rom noch aus einer Ansammlung wenig ansehnlicher Gebäude aus Holz und Lehmziegeln bestand. Jeder Leser der Apostelgeschichte kennt Ephesos als florierendes religiöses Dienstleistungszentrum rund um den Kult der Artemis …
Hueber führt den Leser kundig durch die Stadt Ephesos. Pläne und Rekonstruktionen auf der Grundlage neuester Forschungen ergänzen die zahlreichen Fotos. Sehr instruktiv ist die Schilderung der verschiedenen Bautechniken … Das Buch ist aber nicht nur für den interessierten Laien zur Vorbereitung einer ernsthaften Besichtigung des antiken Ephesos gedacht, es bietet auch neue wissenschaftliche Thesen … ein Besuch in Ephesos lohnt immer – künftig aber nicht ohne das Buch Huebers im Gepäck.«

DAMALS

100 Jahre österreichische Ausgrabungen in Ephesos – dieses Jubiläum gab den beiden Autoren, die die systematische Freilegung des in der Antike als eines der Sieben Weltwunder gepriesenen Artemisions leiteten, im vorliegenden Band Anlaß, die Pracht des archaischen und klassischen Heiligtums vor dem geistigen Auge des Lesers wiedererstehen zu lassen.

»… mit Vorstellungen und Ausgrabungen rund um die antike Kultstätte befaßt sich der Band … nicht nur die Gestalt des Tempels, dessen Mittelpunkt … ein Kultbild der Jagdgöttin Artemis Ephesia bildet, beschäftigt die Archäologen. Auch die Bedeutung des Heiligtums seit der späten Bronzezeit, Tieropfer im Artemision und die Spuren, die die Phönizier in Ephesos hinterließen, sind Themen der Texte, die von zahlreichen Aufnahmen von Ausgrabungen und Fundstücken umrahmt sind.«

Main-Echo

»Das Felsgebirge des Latmos … ist eines der malerischsten und archäologisch interessantesten Gebiete an der türkischen Westküste. Gerade in den letzten Jahren konnten im Latmos neue Entdeckungen gemacht werden: Hier fanden sich die ältesten prähistorischen Höhlenmalereien Westkleinasiens … Hellenistische Pflasterstrassen und Steinbrüche vermitteln einen Eindruck von der Infrastruktur des Gebietes … In diese Zeit fällt auch die Gründung von Herakleia, wo sich die meisten der in dem Band behandelten Monumente, … Festungsreste und Gräber befinden … Nachdem der Latmos in römischer Zeit eher ein Schattendasein geführt hat, kommt es mit der Ausbreitung des Christentums zu zahlreichen monastischen Gründungen. Ausgemalte Höhlen, sowie Klöster und Befestigungsanlagen runden das für Kleinasien einzigartig vollständige Bild in byzantinischer Zeit ab.«

Alfelder Zeitung

»Orhan Bingöl, Professor für Archäologie in Ankara, hat es sich in diesem reich illustrierten Buch zur Aufgabe gemacht, die bisher kaum behandelte malerische Überlieferung Altanatoliens bekannt zu machen. In einer chronologischen Reihung stellt er Zeugnisse der Malerei seines Heimatlandes vor: Wandgemälde aus Häusern, Gräbern und Palästen, bemalte Sarkophage und Fußbodenmosaike. Bereits im Paläolithikum hatten die Menschen Anatoliens natürliche Farberden verwendet, später außerdem aus Wurzeln, Stengeln und Blüten hergestellte Pflanzenfarben, um die Fäden für ihre Kelims und Teppiche einzufärben und farbenfrohe Wandmalereien und Mosaike zu schaffen … Das vorliegende Buch berücksichtigt allerneueste Funde und zeigt unter anderem eindrucksvoll, daß die hellenistischen Häuser Anatoliens nicht weniger phantasievoll und bunt dekoriert waren als die in Pompeji.«

Erbe und Auftrag

VERLAG PHILIPP VON ZABERN · MAINZ AM RHEIN